大展好書　好書大展
品嘗好書　冠群可期

大展好書　好書大展

品嘗好書　冠群可期

實用武術技擊：2

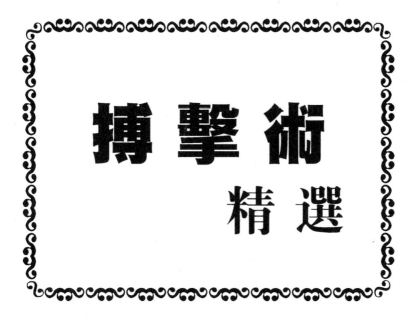

搏擊術

精選

陳青山
梁亞東
編著

大展出版社有限公司

前　言

　　博擊術是運用踢、打、摔、拿、擊、刺等技法戰勝對方的攻防技術，是世界各國人民在長期的生產激鬥與生活實踐中創造和發展起來的。根據軍事和健身的需要，這種博擊的內容與形式，經過千百年的不斷發展，從實踐到理論越來越豐富。

　　隨著社會文明程度的不斷提升，博擊術這個集強身健體、陶冶情操、磨練意志、防身抗暴於一體的運動項目，正以其獨特的民族風格廣泛地引起世界的關注與參與。

　　我國博擊術素有「中國功夫」之稱，而中華武功在與世界的交流中，不僅受到了高度贊譽，而且本身也得到了洗禮。可以斷言，在當今世界文化、體育交流日益頻繁的情況下，在信息、科技高速發展的網絡時代，博擊術這一民族形式的體育將成爲世界各國人民的共同財富，也將成爲競技體育中的奇葩。

　　中外博擊術涵蓋面大，涉及的內容廣泛，技法、技理深邃莫測，各國在發展過程中均形成了自己特點的技術體系和門派風格。因此，本書採用精選的方

法，力求將中外搏擊術的精粹奉獻給讀者。同時，所謂搏擊絕招是相對的，同一擊法，因其特定的環境和對象的變更，其使用效果會存在著截然不同的差異。

我們曾在《保安搏擊教程》一書中總結敍述了搏擊術的基本要素：即良好的職業道德；精湛的搏擊技法；強健的身體素質；靈活多變的戰略戰術。這些基本要素是戰勝對手的基本條件。

因此，在實踐中應辯證地、科學地評價技術絕招，「快、準、狠」地使用絕招，才可能真正達到「精湛」「巧妙」的境地。

搏擊術精選是在眾多搏擊技術方法中篩選了一些易學易練、簡單實用的技法，以圖文並茂的形式奉獻給讀者，相信初學者按圖文進行反覆練習，可獲得防身抗暴的自衛能力，而具有一定搏鬥技能的人士可以在實踐中博採眾長，進一步形成自己的風格與特點。

目　錄

第 1 章　中外搏擊術簡介 ……………………… 7

第一節　概　述 …………………………………… 8

第二節　中外搏擊術的運動方法與特點 ………… 10

一、散　手 ……………………………………… 10

二、擒　拿 ……………………………………… 11

三、短　兵 ……………………………………… 11

四、截拳道 ……………………………………… 12

五、拳　擊 ……………………………………… 12

六、劍　道 ……………………………………… 13

七、合氣道 ……………………………………… 13

八、跆拳道 ……………………………………… 14

九、泰　拳 ……………………………………… 14

十、摔　跤 ……………………………………… 15

第 2 章　搏擊術的攻擊絕招 ················ 17

第一節　對徒手之敵的主動攻擊 ················ 19

一、由前面主動攻擊 ················ 19
二、由後面主動攻擊 ················ 43
三、由側面主動攻擊 ················ 52

第二節　對持器械之敵的主動攻擊 ········· 62

第 3 章　搏擊術的反擊絕招 ············· 77

第一節　對徒手襲擊的防守反擊 ············· 79

一、對正面襲擊的防守反擊 ············· 79
二、對背面襲擊的防守反擊 ············· 122

第二節　對持械襲擊的防守反擊 ············· 153

一、對持匕首襲擊的防守反擊 ············· 153
二、對持砍刀襲擊的防守反擊 ············· 167
三、對持長棍襲擊的防守反擊 ············· 177
四、對持手槍襲擊的防守反擊 ············· 189

第三節　對多人襲擊的防守反擊 ············· 198

一、對二人襲擊的防守反擊 ············· 199
二、對三人襲擊的防守反擊 ············· 212

第 1 章

中外搏擊術簡介

第一節

概　述

　　搏擊術是人與人相搏、相擊的技術，是制止犯罪、防身抗暴、修身養性的重要手段，也是體育運動競賽、豐富群眾生活的內容之一。

　　當今世界上，搏擊術種類繁多，各具民族風格與特點。目前影響最大、實用性最強、最為流行的搏擊術主要有：散打、擒拿、短兵、截拳道、拳擊、空手道、劍道、合氣道、跆拳道、泰拳、摔跤等項目。其技術動作、攻防理論和練習方法十分豐富，是各國人民在長期的生活與爭鬥中積累和發展起來的文化遺產，也是世界各國軍隊、公安、警察、刑偵人員必備的一項專門技能。

　　徒手搏擊術近可用頭、肩、肘、膝、胯，遠可用拳、腿，人體的各部位均可成為攻擊對方的武器。徒手搏擊方法十分豐富，主要是踢、打、摔、拿等擊法。

　　踢就是腿擊法，主要有彈、踹、蹬、纏、擺、掛、點、踩等；打是指進攻與防守的手法，主要有沖、推、劈、拉、摟、掛、蓋、壓等；摔是使對方倒地的技巧，主要有絆、勾、挑、掏、別、靠、纏、背等；拿是指反挫關節、抓筋拿脈、點穴擒拿的技巧，主要有點、扣、鎖、按、頂、推、壓、旋等技法。

器械搏擊的種類也很繁多，各種不同的器械其使用方法也有很大的差異。一般分為四類，即短兵器（刀、劍、斧、戟等）、長兵器（槍、棍、樸刀、長矛等）、軟兵器（三節棍、二節棍、九節鞭、繩鏢等）、暗器（袖箭、飛刀、彈丸、飛鏢等），其各種器械的方法各有其能，各具特色。

徒手與器械的對抗即是利用徒手的技法與持器械者進行的搏鬥。它要求徒手者反應敏捷，應變有法，身手靈活，出奇制勝。

搏擊技術水平的高低是身體素質、技術招法、戰略戰術、心理意識在一定條件下有機結合的綜合反映，是以實踐能力進行比較、以對搏效果來評價的。對於培養體能、鍛鍊意志、防身抗暴、強身健體具有十分重要的現實意義。同時，作為競技體育，它還具有為國爭光、傳播精神文明、豐富人民生活的社會功能。

搏擊術是與人相搏的技術，它要求練習者必須明確學習目的，樹立良好的道德風尚，遵紀守法，見義勇為。

在訓練中，必須遵循運動訓練的基本規律，貫徹「少而精」的原則，循序漸進，持之以恆，勤學勤練，精益求精，同時要做好運動損傷的預防，加強身體素質訓練，逐步做到具有強健的體魄、精湛的搏擊技術、靈活多變的戰略戰術，從而使自己立於不敗之地。

第二節

中外搏擊術的運動方法與特點

　　世界上流行最廣、實用性最強的搏擊術主要是散手（散打）、擒拿、短兵、截拳道、拳擊、劍道、合氣道、跆拳道、泰拳、摔跤等項目，在其發展的過程中，受民族文化、宗教習俗、地理環境、軍事、倫理與運動美學諸方面的影響，形成了各自不同的技術特點與風格。

一、散　手

　　散手是中華武術的運動形式之一，亦稱「散打」「搏擊」「打擂」，是兩人遵照一定的規則，使用踢、打、摔等技擊方法進行的徒手格鬥，以擊中對方有效部位得分多少或擊倒對手判定勝負。

　　其主要方法有拳法（直拳、擺拳、勾拳等）、腿法〔踹腿、蹬腿、彈腿（鞭腿等）〕、摔法（抱腿摔、勾腿摔、抱腰摔、壓腿摔等）。

　　散打的主要特點是手腳併用，招法眾多，隨機應變，動作迅速。技術方法上追求效果，有「遠使拳（腳），近使肘（膝），挨身擠靠情不留」的戰術特徵，同時有「直取快攻，先發制人」「以靜制動，後發先至」「乘勢借力，佯攻

巧取」等戰略戰術，是「中國功夫」的典型代表。

二、擒　拿

擒拿也是中華傳統體育運動形式之一，是根據人體關節活動的特點與幅度，採用巧力使用各種技術方法，使其關節受制。民間傳說有「三十六拿法、三十六解法」，通常稱為「七十二擒拿」。

實際上擒拿方法數以百計，不同的部位使用不同的方法，不同的方法均有不同的力點。經常使用的方法有刁、拿、鎖、扣、扳、點、纏、切、撐、按、旋、捲、封、閉、頂、抓等。擒拿對方的部位不同，方法也有極大的差別。

擒拿技術的主要特點是：動迅靜定、行蹤不定、軌跡旋繞、輕靈巧取、招法奇妙、簡捷劇烈。長期練習，具有防身健體、祛病延年的功效，同時是捕俘敵人的最佳方法。

三、短　兵

短兵是各種短兵器（刀、劍、鞭、鐧等）的統稱。是利用藤條裹以海綿、外包皮質而製成的短器械。比賽或練習時，運用劈、刺、崩、點、攔、截、架、砍等技法，並遵照一定的規則，以擊中對方有效部位或擊倒對方為得分，以得分多者為勝方。

短兵運動的主要特點是：技術簡練、動作快捷、步法靈活、虛實結合。長期練習，不僅能培養意志，修煉身心，而且能防身抗暴、強身健體。

四、截拳道

截拳道是著名的搏擊家李小龍根據中國南拳的拳法和北方拳種的腿法，並吸收西方拳擊的精粹而創造的一種技擊術，具有少拳法、多腿法、無套路形式、注重身體訓練的特點。

其拳法主要有直拳、勾拳、翻背拳、戳指等；腿法主要有側踢、勾踢、掃踢、連環踢、旋轉踢、佯踢等。

截拳道要求步法靈活，手法短促、迅速、準確，腿法以攻為主。在實戰中，常以假動作與復合動作進行截擊，具有直取快攻、指上打下、虛虛實實、變化莫測的特色。同時對身體素質（力量、速度、耐力、柔韌、靈敏等）提出了較高的要求。

五、拳　擊

拳擊是西方各國的一項競技體育，是雙方手戴皮製拳套，遵守一定的規則和使用一定的拳法，伺機打擊對方腰帶以上部位，以擊倒對方為優勝，以擊打有效部位多寡決定勝負的一項競技運動。

拳擊分為職業拳擊與業餘拳擊兩種形式。職業拳擊在西方各國廣為流行。業餘拳擊已納入奧運會與亞運會比賽項目。業餘拳擊比賽每場三回合，每回合 3 分鐘，回合之間休息 1 分鐘。

規則規定：運動員身穿背心、短褲，戴頭盔、手套，並

根據體重分成 12 個級別進行分級別比賽。

拳擊競賽是在拳擊臺上進行的，具有動作簡練、對抗性強、搏擊激烈的運動特點，因此，長期堅持訓練可以使骨骼堅實、肌肉發達、內臟器官功能得到改善，而且對培養勇敢頑強、機智果斷的心理品質是一個極好的鍛鍊。

六、劍　道

劍道是日本搏擊的主要內容之一，是講求技精氣合、修心養性、注重禮儀的一項現代體育。

劍道所使用的劍是用樫木或竹子合成，有長劍與短劍之分，重約 375～500 克。比賽中常用竹劍，在規定時間內，以擊中對方有效部位（面部正面、左側、右側，手部、腹部及喉部）為得分，以得分多者為勝方。

劍道在服飾上有嚴格的要求，訓練與比賽中注重禮儀，絕對服從裁決，其主要搏擊法是：擊刺、撥打、劈擊、格擋等技法。長期堅持練習，有修心養性、鍛鍊意志、強身健體、自衛抗暴之功效。

七、合氣道

合氣道是日本的傳統體育之一，在其發展過程中，兼收眾家之長而成為現代武道。

合氣道的技法是由順應自然規律的動作構成的，符合人體全面、均衡、和諧發展的運動規律。與中國擒拿術、中國式摔跤有異曲同工之妙。其主要方法有四方摔、入身摔、立

技、座技等技法。

主要有四個特點：一是重視「氣」的修煉，二是注重氣、心、體的統一，三是以禮為重，四是注重「人性」的修行。儘管其不注重勝負之爭，但其在技法上講究立體進攻、借力發力、快速敏捷、出奇制勝。因此，練習合氣道者大都能面臨危險而不驚，並迅速作出反應脫離險境。

八、跆拳道

跆拳道是韓國的民族體育。以禮義、廉恥、忍耐克己、百折不屈為宗旨，是以腳部功夫為主的一種傳統武術。

跆拳道的運動方法主要有拳法（沖拳、勾拳、彈拳、鞭拳、劈拳等）、掌法（砍掌、插掌、推擊等）、肘法（擊肘、頂肘等）、膝法（撞膝等）、腿法（踢法、外擺、裡合、彈腿、踹腿、鞭腿、蹬腿等）。其主要運動特點是手腳併用，以腿為主，步法靈活，變化多樣。

長期練習，可以鍛鍊身心、磨練意志、防身抗暴、培養品質。是一種具有較高攻擊能力的搏擊術。

九、泰　拳

泰拳是泰國的民族傳統體育，近年來，不斷吸收了空手道、柔道、摔跤、拳擊等技擊方法，日趨成為一種攻擊性強、對抗激烈的競技體育。

泰拳招式簡練，主要有擺踢、沖膝、肘頂三大絕招。尤其重視嚴格的身體訓練，包括體力訓練、基本拳法訓練、實

戰訓練。其運動特點主要是：動作簡練、攻擊性強、眼明手快、步法靈活。因此，長期習練泰拳一般均具有很好的體能和身體抗擊打的承受能力。

十、摔　跤

摔跤流行於世界各國，有角抵、相撲、手搏、角力、擯跤、爭跤、摔角、柔道等名稱。在其發展的過程中，逐步形成了各國不同的特點與風格。

中國式摔跤以其動作靈活、招式快捷、技法巧妙、以小勝大而著稱於世，受到了世界各國人民的青睞與喜愛。

中國式摔跤分為五種類型，即：1.以腰背形成的跤絆；2.以臀胯形成的跤絆；3.以腿足形成的跤絆；4.以手臂形成的跤絆；5.以頭肩形成的跤絆。

各種類型的跤絆又有各種不同的使用方法與技巧。它要求手腳配合、隨機應變、攻守兼備。長期習練摔跤不僅可以使身體素質得到全面發展，而且可以培養意志品質與搏擊技能。

搏擊術精選

第 **2** 章

搏擊術的攻擊絕招

中外搏擊術的攻擊招法頗豐，既有踢、打、摔、拿單招的突然攻擊，以達到一招制勝；更有踢打結合、打摔結合、打拿結合的連招攻擊，使對手徹底喪失抵抗能力。

在本章裡，我們編撰了科學性、實用性較強的主動攻擊絕招，並列舉了對徒手之敵和對持械之敵的主動攻擊方法和技巧。

有的招法動作較為簡單，易學易練；有的難度則較大，不容易掌握。但無論招法動作程度的難易，都必須經過長期系統的勤學苦練，方能牢固地掌握其動作方法和實用技巧，才能在實際的搏擊對抗中得心應手地運用和實施。

例如「橫踢腿擊頭」絕招，動作看似簡單，但要想在實際搏鬥中一擊奏效，除了要求自身具備較強的功力外，還要時機恰當、擊點準確、迅猛有力。只有這樣，才能發揮「絕招」的威力，獲得最佳的攻擊效果。

攻擊絕招，既有擊打要害，又有摔拿擒捕。在實際搏鬥中要隨機施技、靈活運用。但無論運用哪種絕招攻擊，都必須具有突襲性，快速果斷，出其不意，攻其不備，力求以迅雷不及掩耳之勢發出攻擊，將對手制服，從而使絕招真正的「絕」。特別是對持械之敵不能有絲毫的麻痹，務必一招制勝。

第一節

對徒手之敵的主動攻擊

對徒手之敵的主動攻擊，根據敵我雙方的動態類型及方位，將其分為向正面對峙之敵的搶攻及對自然行走之敵的正面、背面、側面的突襲攻擊技巧。

在實戰搏鬥中運用時，對對峙之敵的「搶攻」務必虛實相兼，快速迅猛，先發制人，使之防不勝防；對自然行走之敵的攻擊要具有突襲性，創造和選擇最佳的攻擊時機和距離，出其不意、快速果斷地向其要害部位發出絕招攻擊，力求一擊奏效，將之擊倒或重創。

一、由前面主動攻擊

(一)對對峙之敵的主動攻擊

1.彈腿踹頭

【攻擊方法】敵我雙方在對峙中（圖2-1）；我突然墊步並用左側彈腿彈踢敵之左腿膝關節內側（圖2-2）；當敵提膝或退步防守時，接著用左側踹腿踹擊其頭部（圖2-3）。

圖 2-1   圖 2-2

圖 2-3   圖 2-4

【動作要點】左側彈腿踢膝要快速、突然，若敵不防則猛擊，使之膝關節受挫；若敵提膝或退步防守，則速用左側踹腿猛擊其頭部。

2.彈襠踢面

【攻擊方法】敵我雙方在對峙中；我突然擊步並用左正

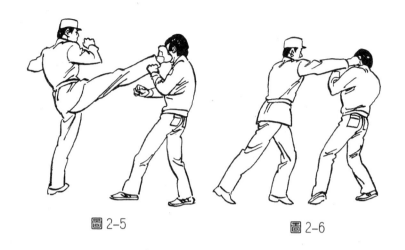

圖 2-5

圖 2-6

彈腿彈踢敵之襠部（圖 2-
4）；當敵斂襠或撤步防守
時，接著用右正彈腿彈踢其面
部（圖 2-5）。

【動作要點】左正彈腿踢
襠要狠、準，若擊中即重創
敵；若敵防守襠部，必然暴露
面部，迅疾施以右彈踢面，重
創之。

圖 2-7

3.擊頭勾踢

【攻擊方法】敵我雙方在對峙中；我突然進步並用左、
右摜拳搶攻敵之頭部（圖 2-6）；當敵抬手防頭時，接著用
右勾踢腿勾踢其支撐腿踝關節處（圖 2-7）。

【動作要點】進步要突然，拳擊頭要迅猛有力，迫使敵
防頭；勾踢要狠、準，若能配合手法的反向橫擊，效果更

佳。

4.擊面彈襠

圖2-8

【攻擊方法】敵我雙方
在對峙中；我突然進步並用
右衝拳攻擊敵面部（圖2-
8）；當敵退步或抬手防守
時，接著用左正彈腿彈踢其
襠部（同圖2-4）。

【動作要點】進步要突
然，拳擊面部要迅猛有力，迫使敵防頭；彈襠要狠、準。擊
面與彈襠要快速連貫，一氣呵成。

5.彈腿踢頭

【攻擊方法】敵我雙方在對峙中；我突然用左拳佯攻其
頭部，隨即用右側彈腿攻擊敵之左膝關節外側（圖2-
9）；接著用左橫踢腿踢擊其頭部（圖2-10）。

【動作要點】左拳佯攻要逼真，當敵抬手防頭時，快速
彈擊其膝關節外側，使之膝關節受挫；若敵提膝或退步防
守，則右腳向前落步並迅疾施以左橫踢擊頭。

6.掃腿踹腹

【攻擊方法】敵我雙方在對峙中；我突然上步用右腿掃
踢敵之左腿膝關節處（圖2-11）；接著順勢左後轉身並用
左轉身踹腿踹擊其腹部（圖2-12）。

圖2-9　　　　　　　　　　　圖2-10

圖2-11　　　　　　　　　　　圖2-12

　　【動作要點】右腿掃踢要快速有力，敵不防則必然倒地；若敵提膝防守，則右腳向左前落步，身體順勢左後轉並同時踹擊其腹部。轉體、踹擊要快速協調，要狠、準。

7.勾腿掃頭

【攻擊方法】敵我雙方在對峙中；我用左拳佯攻其頭部，隨即用右勾踢腿勾擊敵之左腿踝關節處（同圖 2-7）；接著順勢左後轉身，用左轉身掃擺腿掃擊其頭部（圖 2-13）。

【動作要點】左拳佯攻要逼真，迫使其防頭部；勾踢要快速有力，力求使敵身體失去平衡或提膝防守；勾踢與轉身掃頭要協調連貫，掃踢頭要迅猛、準確。

8.踹膝踹頜

【攻擊方法】敵我雙方在對峙中；我突然插步用左側踹腿踹擊敵之膝關節（圖 2-14）；接著踹擊其頜部（同圖 2-3）。

圖 2-13　　　　　　　圖 2-14

【動作要點】踹擊敵之膝關節要狠、準，使之膝關節受挫；若敵提膝或退步防守，則隨即擊步再踹擊其下頜處。連環踹擊要協調有力，並注意用步法調控距離。

9.踢膝摜頭

【攻擊方法】敵我雙方在對峙中；我突然用右橫踢腿踢擊敵之左腿膝關節外側（同圖2-9）；接著用左摜拳攻擊其頭部（圖2-15）。

【動作要點】右橫踢腿踢膝要迅猛有力，擊中必使敵受創；若敵提膝或退步防守，則右腳順勢右前落步，同時上體右轉帶動左摜拳猛擊敵之頭部。

10.彈膝擊面

【攻擊方法】敵我雙方在對峙中；我用左拳佯攻，隨即突然用左側彈腿彈踢敵之左腿膝關節內側（圖2-16）；接

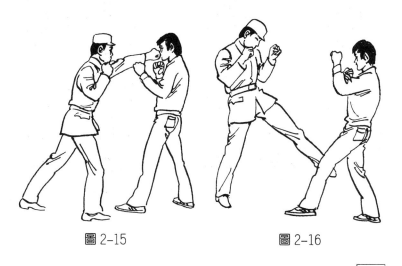

圖 2-15　　　　　圖 2-16

著左腳左前落步，用右沖拳攻擊其面部（同圖 2-8）。

【動作要點】彈膝要快速、突然，破壞敵對頭部的防禦；在敵防腿攻的同時，左腳迅疾左前落步，迅猛地用右沖拳攻擊其面部。

11. 勾腿鞭頭

【攻擊方法】敵我雙方在對峙中；我突然用左勾踢腿勾踢敵之左腿踝關節處（圖 2-17）；接著順勢右後轉體並同時用右鞭拳攻擊其頭部（圖 2-18）。

【動作要點】勾踢要快速有力，破壞敵之防禦及為鞭拳擊頭做準備；勾踢與轉體鞭擊要協調連貫，鞭拳擊頭要準、狠。

圖 2-17

圖 2-18

圖 2-19

12.彈腿勾頸

【攻擊方法】敵我雙方在對峙中；我突然進步，並用左側彈腿攻擊敵之左小腿內側（同圖 2-2）；當敵提膝或退步防守時，接著用左勾踢腿勾擊其頸部（圖 2-19）。

【動作要點】彈擊敵之小腿要快速、突然，迫使敵提膝或退步防守，以破壞其對頭頸部的防禦；勾踢頸部要狠、準。彈擊與勾頸要協調連貫。

13.彈腹踢面

【攻擊方法】敵我雙方在對峙中；我突然進步用左正彈腿彈踢敵之腹部（圖 2-20）；在左腿回收的同時，右腳蹬地跳起，並用右正彈腿彈踢其面部（圖 2-21）。

【動作要點】進步彈踢腹部要快速突然，目的是破壞敵對頭部的防禦；在敵收腹防守的同時，右腳迅速跳起踢擊其

圖 2-20　　　　　　　　　　　　圖 2-21

面部。左、右腿要協調連貫，右腳踢面要迅猛有力。

14.勾腿劈頭

【攻擊方法】敵我雙方在對峙中；我突然上左步，並用右勾踢腿勾擊敵之左腿踝關節外側（圖 2-22）；身體隨之順勢左後轉，在右腳完成勾擊左前落步的同時蹬地跳起，使身體騰空左轉，並用右腿自上而下劈擊敵之頭部（圖 2-23）。

【動作要點】右腿勾踢後要快速左前落步；左腳落步與右腳蹬地跳起的同時身體迅速左後轉，左腿自然彎曲擺動，以身體帶動右腿空中翻轉，並自上而下猛力劈擊敵之頭部。右腿勾踢、右腳落步蹬地與轉體劈擊要快速連貫，一氣呵成。

圖 2-22　　　　　　　　　　圖 2-23

15.彈腹踹頭

【攻擊方法】敵我雙方在對峙中；我突然上左步，並用
右正彈腿彈踢敵之腹部（圖 2-24）；上動不停，左腳蹬地
跳起併空中左後轉體，以身體帶動左腿向後踹擊敵之頭部
（圖 2-25）。

圖 2-24　　　　　　　　　　圖 2-25

【動作要點】右腿彈腹要快速有力，使敵收腹或退步防守；右腿彈腹與左腳蹬地起跳要快速連貫；空中轉體與踹擊要一氣呵成，迅猛有力。右腿完成攻擊後自然回收。

圖2-26

16.勾腿撩襠

【攻擊方法】敵我雙方在對峙中；我突然用左勾踢腿勾踢敵之左小腿內側（同圖2-17）；接著上體順勢右轉，並用右後撩腿撩擊敵之襠部（圖2-26）。

【動作要點】上步勾踢要快速，目的是破壞敵對襠部之防禦，要注意對頭部的防護；在勾踢的同時，上體順勢右轉，隨即施以後撩腿撩擊敵之襠部。

17.掃腿劈頭

【攻擊方法】敵我雙方在對峙中；我突然用左腿前掃敵之左小腿內側（圖2-27）；上動不停，上體順勢右後轉，在左腿完成攻擊並右前落步的剎那，雙腳蹬地跳起，使身體帶動右腿隨騰空右後轉體之勢由上向下、由左至右劈擊敵之頭頸部（圖2-28）。

【動作要點】左掃腿與轉體右腿的騰空劈擊要協調連貫；轉體要快速，劈擊要有力。左掃腿完成掃踢後，依敵之防守動作而變化落步位置，若敵提膝防守，則右側落步；若

圖 2-27　　　　　　　圖 2-28

我退步防守，則右前落步，為轉體劈擊作準備。

18.擊面頂襠

【攻擊方法】敵我雙方在對峙中；我突然上步，並用右沖拳搶攻敵之面部（同圖 2-6）；上動不停，兩手順勢扒按敵之頸部，同時用左頂膝頂擊其襠部（圖 2-29）。

【動作要點】上步擊面要迅猛、突然，在敵愣神的瞬間用兩手從兩側抓扒其頸部後側，並向下扒按，同時頂擊其襠部或頭部。頂膝要快速、凶狠。

圖 2-29

19.彈腿撞胸

【攻擊方法】敵我雙方在對峙中；我突然用右側彈腿彈踢敵之左膝關節外側（同圖2-11）；上動不停，右腳順勢右前落步，並同時用左側撞膝撞擊敵之胸腹部（圖2-30）。

【動作要點】彈膝要快速、突然，主要目的是破壞敵對上體的防禦；彈擊後快速右前落步，以身體帶膝迅猛撞擊敵之胸腹部。若能配合手法扒按敵之頸部後側，則效果更佳。

20.彈襠撞頭

【攻擊方法】敵我雙方在對峙中；我突然用左正彈腿彈擊敵之襠部（同圖2-4）；上動不停，右腳用力蹬地跳起，並用右衝膝向前上方衝撞敵之頭面部（圖2-31）。

【動作要點】左腿彈襠要狠、準，迫使敵收腹或斂襠防

圖 2-30

圖 2-31

守；右腳蹬地與右膝衝頂要協調連貫，衝頂要迅猛有力。左腿完成攻擊後自然屈膝下擺。

（二）對正面自然行走之敵的主動攻擊

1.彈襠頂面

【攻擊方法】我從正面接近自然行走之敵；我突然上右步用左正彈腿彈踢敵之襠部（圖2-32）；接著兩手順勢扒按其頭頸後部，並同時用右頂膝頂擊其面部（同圖2-31）。

【動作要點】右腳上步接近敵人要突然，彈襠要快速果斷。彈襠要準、狠；在敵襠部被擊中或斂襠防守的瞬間，用兩手扒按其頭頸或肩後部，同頂膝形成合力重創其面部。

圖2-32

圖 2-33   圖 2-34

2.彈襠劈頸

【攻擊方法】我從正面接近自然行走之敵；我突然上左步用右正彈腿彈踢敵之襠部（圖 2-33）；接著用右掌劈擊其頸部後側（圖 2-34）。

【動作要點】接近敵人要突然，出其不意地攻擊其襠部；當敵襠部被擊中收腹、低頭時，我則順勢右轉體，並同時用右掌猛劈其頸部後側。

3.擊襠砸頸

【攻擊方法】我從正面接近自然行走之敵；我突然上左步，並屈膝下蹲用右沖拳攻擊敵之襠部（圖 2-35）；上動不停，接著用右砸肘砸擊其頸部後側（圖 2-36）。

【動作要點】上步、下蹲、擊襠要快速、突然，攻其不

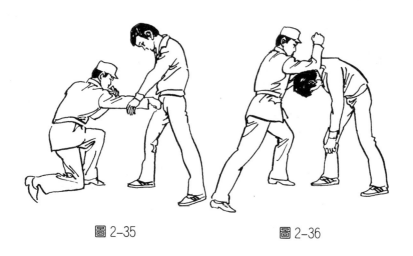

圖 2-35　　　　　　　　　　圖 2-36

備；當敵被擊中而低頭時，我速站起並順勢用右砸肘向下砸
擊其頸部後側。

4.過頂踩頭

【攻擊方法】我從正面接近自然行走之敵；我突然上左
步，並屈膝、弓腰，兩手由外向內抱敵之雙腿根部，左肩前
頂其髖腹部，隨即上右步並同時蹬腿、挺腰、抬頭，將敵抱
起向後摔出（圖 2-37）；接著用右腳蹬踩其頭部（圖
2-38）。

【動作要點】上步要快速、突然，抱腿要緊，整個抱腿
過頂摔動作要快速連貫，一氣呵成。轉身上步蹬、踩頭要快
速、凶狠。

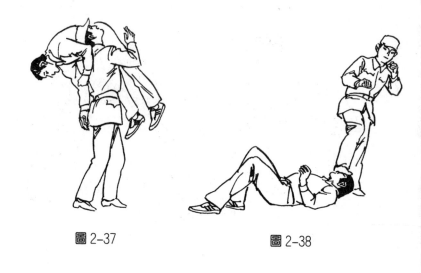

圖 2-37

圖 2-38

5.掐喉絆摔

【攻擊方法】我從正面接近自然行走之敵；我突然上左步，並用右手掐抓敵之喉部，左手抓握其右肩衣（圖2-

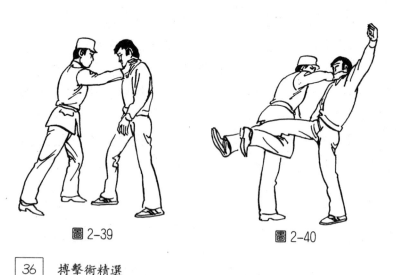

圖 2-39

圖 2-40

39）；上動不停，抬右腳由左前向右後掃絆敵之右小腿，將之摔倒（圖2-40）。

【動作要點】上步掐喉、抓肩要快速、突然，使敵掐喉被擒；若敵頑抗、掙扎，則快速用右腿將其向左後側絆倒，擒之。絆腿與右手推頸、左手拉肩要協調一致，一氣呵成。

6.頂襠勾踢

【攻擊方法】我從正面接近自然行走之敵；我突然上右步用雙手抓握敵之胸、肩衣，隨即用左頂膝衝頂其襠部（圖2-41）；接著順勢用左腳勾踢敵之右腿踝關節外側，將之摔倒（圖2-42）。

【動作要點】上步抓胸衣與頂襠要快速、迅猛，雙手要將敵回拉以助頂襠之威力；左腿頂擊後在下落時順勢勾踢敵之支撐腿，兩手同時向左拉扯以配合勾踢。

圖 2-41

圖 2-42

圖 2-43　　　　　　　　　　　　圖 2-44

7.擊面頂襠

【攻擊方法】我從正面接近自然行走之敵；我突然上左步用左手抓握敵之右胸衣；上動不停，用右橫肘攻擊敵之面部（圖 2-43）；接著用右頂膝頂擊其襠部（圖 2-44）。

【動作要點】上步、抓衣與肘擊面要快速連貫，擊面要迅猛有力；肘擊後順勢扒按敵之頸部後側，以配合膝對敵襠部的重擊。扒頸與頂襠要協調一致。

8.頂襠頂面

【攻擊方法】我從正面接近自然行走之敵；我突然上左步，並用雙手抓握敵之肩或胸衣，隨即用右頂膝頂擊其襠部（圖 2-45）；接著右手扒按其頭頸後部，再用右膝頂擊其面部（同圖 2-31）。

【動作要點】上步抓衣要突然，頂襠要快速有力；在敵襠部被擊收腹的瞬間，右手順勢向下扒按其頭頸部後側，用右膝迅猛攻擊其面部。

圖 2-45

9.折腕拉摔

【攻擊方法】我從正面接近自然行走之敵；我突然上左步用左手抓拿敵之右手，拇指扣按其掌背，用其餘四個指頭扣住其掌心（圖 2-46）；隨即左手迅速提腕，使敵之手向上、向右捲扭，同時右手扣按其掌背助力，扭折敵之腕（圖 2-47）；上動不停，我退左步，弓身

圖 2-46

圖 2-47

圖 2-48

雙手向左、向下用力，迫使敵被折腕而倒地被擒（圖 2-48）。

【動作要點】上步抓拿敵之右手要快速、準確，捲扭與右手的助力扭折要快速有力；抓拿、扭折要一氣呵成。當敵被折腕後，再退步拉摔，要爆發用力，使敵失去反抗能力。

10.挑肘別臂

【攻擊方法】我從正面接近自然行走之敵；我突然上左步用左手抓握敵之右手腕（圖 2-49），隨即左手上提；接著右手前臂猛力從下向上挑擊敵之肘窩處，左手就勢下壓，將其右臂向下折彎（圖 2-50）；右、左腳各上一步，上體右轉，同時順勢右手向右下

圖 2-49

圖 2-50　　　　　　　　　　圖 2-51

方旋繞下壓，並扒住敵之右肩，左手向前推扭其右手腕，將
之擒獲（圖 2-51）。

【動作要點】上步抓拿敵之右腕要快速、準確，抓腕要
緊；右臂挑肘要快速有力；轉體與右手的旋壓要連貫、協
調。整個擒獲動作要一氣呵
成、快速有力。

11.推肘別臂

【攻擊方法】我從正面
接近自然行走之敵；我突然
上左步，並左前臂前伸，從
敵之右臂內側穿過，隨即向
右轉體左臂向前旋壓敵之右
肩（圖 2-52）；同時右手
向前推扭其肘關節，雙手交

圖 2-52

錯用力，將敵之右臂控制
擒獲（圖2-53）。

【動作要點】上步穿
臂與旋壓要快速連貫，具
有突襲性；左上臂要頂緊
敵之上臂，並上抬助力；
右手推扭敵之肘關節要
緊。轉體、旋壓與推扭要
快速連貫、協調一致。

圖2-53

12.折腕別肘

【攻擊方法】我從正面接近自然行走之敵；我突然上左
步用左手抓拿敵之右手，拇指扣按其掌背，用其餘四個指頭
扣住其掌心（圖2-54）；隨即左手迅速提腕，使敵之手向
上、向右捲扭，若敵沉肘拉腕反抗，則左手繼續向左捲扭，
使其右掌及前臂屈肘外折（圖2-55）；同時右腳上步，插

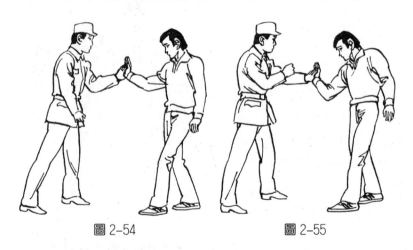

圖2-54　　　　　　　　　圖2-55

圖 2-56　　　　　　　　　　　　　圖 2-57

至敵之右腿後，右手從其肘下穿過扒抓其右手腕（圖 2-56）；上動不停，右手向下反扳敵之右手腕，右肘上抬，手、肘交錯用力，將其肘關節別至死角就擒（圖 2-57）。

　　【動作要點】上步抓拿敵之右手要快速、準確，抓拿要緊；扭、折腕要爆發用力。右腳上步與右手的抓腕、別肘要快速連貫。上體左轉以助折腕、別肘之力。

二、由後面主動攻擊

1.砍頂擊頭

　　【攻擊方法】我從後面接近自然行走之敵（圖 2-58）；我突然上左步用右掌砍擊敵之頸部右側（圖 2-59）；接著用左摜拳攻擊其頭部（圖 2-60）。

圖 2-58

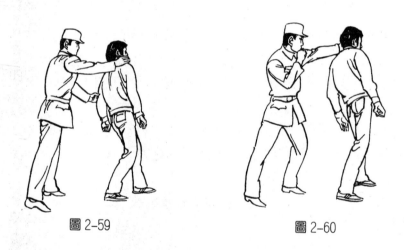

圖 2-59　　　　　　　　　　圖 2-60

【動作要點】上步、砍頸要快速、突然，砍頸要準、狠；左摜拳擊頭要迅猛有力。

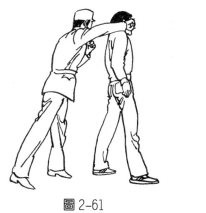

圖 2-61

圖 2-62

2.擊頭勾腿

【攻擊方法】我從後面接近自然行走之敵；我突然上左步用右摜拳攻擊敵之頭部右側（圖 2-61）；上動不停，上右步用左勾踢腿勾踢敵之左小腿外側（圖 2-62）。

【動作要點】上步、摜拳擊頭要快速、突然，擊頭要狠；上右步與左勾踢要快速連貫，勾踢要爆發用力。

3.掃腿踩頭

【攻擊方法】我從後面接近自然行走之敵；我突然上左步用右掃腿掃踢敵之右腿踝關節外側（圖 2-63），將敵掃倒；接著上右步用左腳蹬踩敵之頭頸部（圖 2-64）。

【動作要點】上步、掃踢要快速、突然，掃踢要迅猛有力，擊點準確；將敵掃倒後要迅速上步蹬踩其頭頸部。

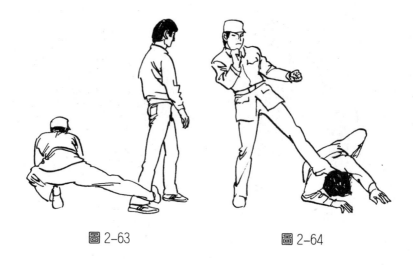

圖 2-63　　　　　　　　圖 2-64

4.踢肋劈頸

【攻擊方法】我從後面接近自然行走之敵；我突然上左步用右橫腿踢擊敵之右肋部（圖2-65）；接著右腳右前落步，順勢用右劈掌劈擊其頸部後側（圖2-66）。

圖 2-65

圖 2-66

圖 2-67 圖 2-68

【動作要點】上步、踢肋要快速、突然，踢肋要迅猛有力、擊點準確；在敵肋部被擊而低頭的剎那，迅速落右步，並同時用右掌猛劈其頸部後側。

5.抓髮頂腰

【攻擊方法】我從後面接近自然行走之敵；我突然上左步用右手抓握敵之頭髮，左手抓握其左肩衣（圖 2-67）；上動不停，兩手用力向回拉扯，同時用右頂膝頂擊其腰部（圖 2-68）。

【動作要點】上步、抓髮要快速、突然，抓髮與肩後即迅速向回拉扯；抓髮回拉與頂腰要快速連貫，頂腰要猛、狠。

圖 2-69

圖 2-70

6.踹膝鎖喉

【攻擊方法】我從後面接近自然行走之敵;我突然用右腳踹敵之膝窩(圖 2-69);乘其後仰之際,迅速用右手緊鎖其喉;左手抓己右手腕,並助力夾勒敵之頸喉,同時兩手向後拉拽,左轉身頂靠,將之擒制(圖 2-70)。

【動作要點】踹擊膝窩要準、狠,鎖喉要快速;踹膝、鎖喉及夾拽、頂靠要協調連貫,一氣呵成。

7.別臂按頭

【攻擊方法】我從後面接近自然行走之敵;我突然上步用雙臂分別從敵之兩臂腋下穿過,並屈肘上挑(圖 2-71);隨即兩肘外撐,用兩手按壓其頭部後側,並向下用力扣緊,同時用左側髖部前頂其臀部,將之擒制(圖 2-72)。

【動作要點】上步要突然,穿臂按頭要快速連貫、迅猛有力;撐肘、頂臀要有力,扣按頭要緊。

圖 2-71

圖 2-72

8.攜腕控肘

【攻擊方法】我從後面接近自然行走之敵；我突然上右步用左手迅速由後向前推抓敵之右手腕（圖2-73），同時右手向後摟拍其右肘窩，左手上抬；隨即左臂夾住其右肘臂，右手由上向下折其右手腕，將之擒獲（圖2-74）。

圖 2-73

圖 2-74

圖 2-75　　　　　　　　圖 2-76

【動作要點】左手推抓敵腕要快速果斷，抓握要緊；右手的摟拍肘窩與折腕要快速連貫；夾肘要緊。整個動作要一氣呵成。

9.拉腿彈襠

【攻擊方法】我從後面接近自然行走之敵；我突然上左步，並屈膝、弓身用兩手分別由外向內摟抓敵之小腿正面並向後拉，同時用左肩向前頂撞其臀部（圖2-75）；拉、頂合力將敵向前摔倒；隨即上右步用左腿彈踢其襠部（圖2-76）。

【動作要點】上步、摟腿要快速、突然；拉腿、頂臀要迅猛有力，協調一致。彈襠要狠、準。

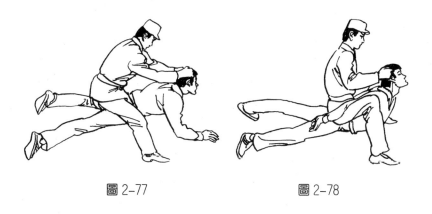

圖 2-77 圖 2-78

10.摟膝夾肘

【攻擊方法】我從後面接近自然行走之敵；我突然上左步，並屈膝、弓身用兩手分別由外向內摟住敵之膝關節正面並向後拉，同時用左肩向前頂撞其臀部（同圖 2-75），摟、頂合力將敵向前摔倒；隨即迅速上步坐砸其腰，右手抓住其頭髮向後拉拽，左手抓其左手腕並向我大腿根處拉折、擰轉（圖 2-77）；隨後左膝上抬，並向內側夾壓其肘關節，利用腰部支頂和大腿夾壓之力，將其擒固（圖 2-78）；然後換手抓髮，同樣控制其右手關節。

【動作要點】上步、摟膝要快速、突然，拉膝、頂臀要迅猛有力，協調一致；騎壓要快速、有力；拽髮、夾肘要狠。

三、由側面主動攻擊

1.勾腹擊頭

【攻擊方法】我從
側面接近自然行走之敵
（圖2-79）；我突然上
左步，並用右勾拳勾擊敵
之腹部（圖2-80）；接著
用右上勾拳勾擊其頭部
（圖2-81）。

圖2-79

【動作要點】上步要
快速、突然，勾腹要迅猛有力。當敵之腹部被擊而低頭時，
用右上勾拳順勢猛擊其頭部。

圖2-80

圖2-81

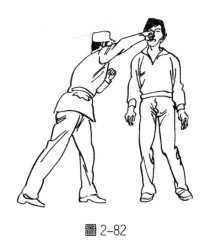

圖 2-82　　　　　　　　　　　圖 2-83

2.擊頭勾腿

【攻擊方法】我從側面接近自然行走之敵；我突然上左步，並同時用右摜拳攻擊敵之頭、面部（圖2-82）；接著用左勾踢腿勾踢其右小腿後側（圖2-83），將之摔倒。

【動作要點】上步、摜拳擊頭要快速、突然，摜拳擊頭要迅猛有力；在敵頭部被擊上體後仰的同時，快速勾踢其支撐腿，若能以手法配合反向用力，則效果更好。

3.掐喉切摔

【攻擊方法】我從側面接近自然行走之敵；我突然上左步，並用右手掐抓敵之喉部（圖2-84）；上動不停，接著右腿切、絆其支撐腿後側，右手掐喉向後推撞，將敵摔倒（圖2-85）。

圖 2-84　　　　　　　　　　　　圖 2-85

【動作要點】上步、掐喉要突然、快速；掐喉要準、狠，不讓敵逃脫。掐喉與右腿的切摔要快速連貫，上下協調用力，一氣呵成。

4. 彈襠劈頸

【攻擊方法】我從側面接近自然行走之敵；我突然上左步用右勾踢腿勾擊敵之襠部（圖 2-86）；接著用右劈掌自上而下劈擊其頸部後側（圖 2-87）。

【動作要點】上步、彈襠要快速、突然，彈襠要迅猛有力，狠、準；在敵襠部被擊而低頭、收腹的剎那，右腳自然右前落步，同時用右掌狠劈其頸部後側。

5. 踢面頂襠

【攻擊方法】我從側面接近自然行走之敵；我突然上左步，並用右橫踢腿踢擊敵之面部（圖 2-88）；在右腳落步

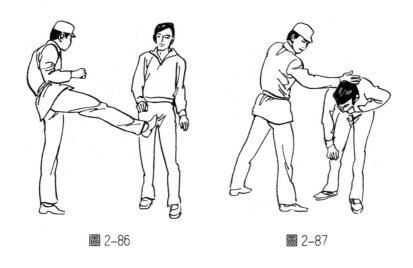

圖 2-86　　　　　　　圖 2-87

的剎那，接著再用右膝頂撞其襠部（圖 2-89）。

　【動作要點】上步、踢面要快速、突然，踢面要狠、準；在敵之面部被擊仰體的瞬間，迅速用右膝頂撞其襠部。

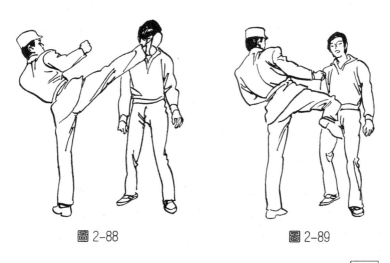

圖 2-88　　　　　　　圖 2-89

圖 2-90　　　　　　　　圖 2-91

6.勾腿踩頭

【攻擊方法】我從側面接近自然行走之敵；我突然上左步，並屈膝下蹲，同時用右勾踢腿勾擊敵之前小腿正面下端（圖 2-90），將敵勾倒；接著迅速上步用左腳踩踩其頭部（圖 2-91）。

【動作要點】上步、勾踢要快速、突然，勾踢要全身協調用力，若能配合手法的反向摟拍敵之背部，效果更佳。上步踩頭要迅猛、有力。

7.掃腿擊頭

【攻擊方法】我從側面接近自然行走之敵；我突然出右步，並用左掃腿掃踢敵之右膝窩（圖 2-92）；上動不停，接著用右拳攻擊其頭部（圖 2-93）。

圖 2-92　　　　　　　　　圖 2-93

【動作要點】擊步、掃腿要快速、突然，掃踢要迅猛有力；在敵膝被擊而身體重心下降的同時，迅速用右拳猛擊其頭部。

8.踹膝撞頭

【攻擊方法】我從側面接近自然行走之敵；我突然出右步，用左側踹腿踹擊敵之右腿膝關節外側（圖 2-94）；上動不停，接著用兩手抓握敵之頭髮，同時用右側撞膝撞擊其頭部（圖 2-95）。

【動作要點】擊步、踹膝要突然，踹膝要狠、準，使敵膝關節受挫；踹膝後順勢抓髮，並用右膝猛撞其頭部；兩手抓髮右拽，以助撞膝之力。

圖 2-94

圖 2-95

9.踹膝踹肋

【攻擊方法】我從側面接近自然行走之敵；我突然出右步用左側踹腿踹擊敵之左腿膝關節外側（圖 2-96）；接著用左側踹腿再踹擊敵之肋部（圖 2-97）。

圖 2-96

圖 2-97

圖 2-98　　　　　　　　　圖 2-99

【動作要點】擊步、踹膝要快速、突然，踹膝要狠、準；若敵向左側移動防守膝關節，我則趁勢猛力踹擊其肋部。兩次踹擊要快速、連貫，協調有力。

10.擊肋彈頭

【攻擊方法】我從側面接近自然行走之敵；我突然上左步，並同時用右沖拳攻擊敵之右肋部（圖 2-98）；上動不停，接著用右側彈腿彈擊其頭部（圖 2-99）。

【動作要點】上步、擊肋要突然、快速，擊肋要狠、準；敵之肋部被重擊必向左側移動，我則順勢用右側彈腿猛力彈擊其頭部。

圖 2-100　　　　　　　　　圖 2-101

11.撏頭踢腹

【攻擊方法】我從側面接近自然行走之敵；我突然上左步，並用右撏拳攻擊敵之頭部（圖 2-100）；接著用右橫踢腿踢擊其腹部（圖 2-101）。

【動作要點】上步、撏拳擊頭要突然，撏拳擊頭要迅猛有力；在敵之頭被擊後仰體的剎那，迅速用右橫踢腿踢擊其腹部。撏頭、踢腹要協調連貫。

12.撞腹砸頸

【攻擊方法】我從側面接近自然行走之敵；我突然上左步，並用雙手抓握敵之領、肩衣，隨即用右撞膝撞擊敵之腹部（圖 2-102）；接著用右砸肘自上而下砸擊其頸部後側（圖 2-103）。

圖 2-102

圖 2-103

【動作要點】上步、抓衣、撞腹要快速、突然，撞腹要凶狠，最好能配合雙手的反向拉拽，以助撞擊力。當敵之腹被撞而收腹、低頭時，順勢用右砸肘猛砸其頸部後側。撞腹與砸頸要協調連貫、快速有力。

第二節

對持器械之敵的主動攻擊

對持械之敵的主動攻擊，關鍵是要沉著冷靜、機智勇敢。出其不意地大膽而果斷地進身施技。

在實際對敵搏鬥中，要積極主動地創造和捕捉最佳的攻擊時機和距離，使攻擊具有「突襲性」，勇猛頑強、快速果斷地以迅雷不及掩耳之勢貼近敵人，並對準其要害部位施以猛烈的打擊，將之重創和奪其凶器，使之喪失反抗能力而束手就擒。

對持械之敵的主動攻擊要格外謹慎，不能有絲毫的麻痺大意。發起攻擊則務必全力以赴，快速連貫，擊打要害要準、狠，將敵重創，不能給其留有反撲的機會。本節僅舉十例介紹對持不同凶器的敵人的主動攻擊絕招，在實際對敵搏鬥中，要求你務必隨機應變、靈活運用。

1.踢襠擊面頂腹

【攻擊方法】敵用右手持一酒瓶與我對峙（圖2-104）；我突然用左正彈腿彈踢敵之襠部（圖2-105）；上動不停，用左手推抓敵之右手腕，右沖拳攻擊其面部（圖2-106）；接著順勢用右手摟扒其頭頸後側，並同時用右頂膝頂擊其腹部（圖2-107）。

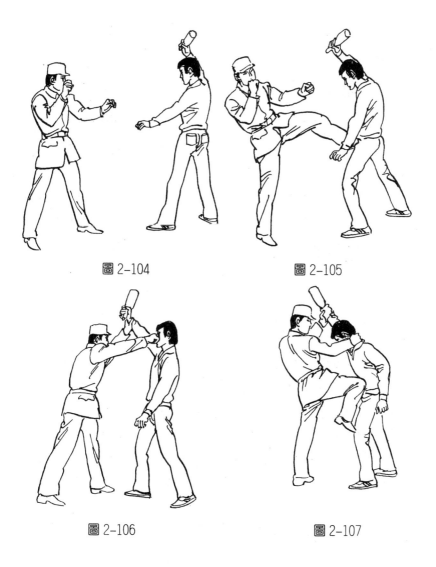

圖 2-104　　　　　　　　圖 2-105

圖 2-106　　　　　　　　圖 2-107

【動作要點】彈襠要快速、突然，準、狠；左手的推腕與右拳擊面要迅猛有力，進身要快；摟頸與頂腹要協調用力，頂腹要狠。

圖 2-108　　　　　　　　　　　圖 2-109

2.擊面頂襠劈頸

【攻擊方法】敵用右手持一酒瓶與我對峙；我突然上左步用左手推按敵之右腕，同時用右沖拳攻擊其面部（同圖2-106）；上動不停，用右頂膝頂擊其襠部（圖2-108）；接著用右劈掌自上而下劈擊其頸部後側（圖2-109）。

【動作要點】上步、推腕與右拳擊面要快速突然，一氣呵成；頂襠要狠、準，爆發用力；當敵襠部被擊而低頭的瞬間，用掌猛劈其頸部後側，頂襠與劈頸要協調連貫。

3.控肘別腿跪肋

【攻擊方法】敵用右手正握一匕首與我對峙（圖2-110）；我突然上步用左手反手推抓敵之右手腕，同時用右手自下而上摟扒其右上臂（圖2-111），將其右肘關節內翻

圖 2-110   圖 2-111

圖 2-112

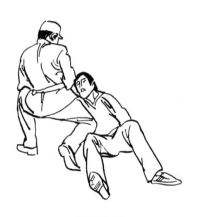

圖 2-113

控制；上動不停，右腳上步別其右腿，身體左後轉，將敵摔
倒（圖 2-112）；接著順勢用右膝跪擊其肋部（圖 2-
113）。

【動作要點】上步與推腕要快速、突然，推腕與摟扒上臂要協調連貫、迅猛有力，使敵之肘關節被挫；別腿與轉體要協調一致，快速有力；跪肋要狠。

4.踢腕摜頭頂襠

【攻擊方法】敵用右手握一匕首與我對峙（圖2-114）；我突然向左前跳步，並同時用左側彈腿彈踢敵之右手腕關節（圖2-115）；上動不停，左腳左前落步，並用右摜拳攻擊其頭部（圖2-116）；接著順勢用右手摟扒其頸部後側，用右膝頂擊其襠部（圖2-117）。

【動作要點】跳步與彈腕要協調連貫、快速突然，彈腕要準、狠；右摜拳擊頭要迅猛有力；摟頸與頂襠要協調一致，快速有力。

圖2-114

圖 2-115

圖 2-116

圖 2-117

第二章 搏擊術的攻擊絕招 67

5.踢襠頂腹勾腿

【攻擊方法】敵用右手握一砍刀與我對峙（圖 2-118）；我突然用右正彈腿彈踢敵之襠部（圖 2-119）；上動

圖 2-118　　　　圖 2-119

圖 2-120

圖 2-121

不停,用左手推抓敵之右手腕,右手摟扒其頸部後側,並同時用右頂膝頂擊其襠部(圖2-120);接著用左腿勾別敵之右腿,雙手前推、上體前壓將敵向前摔出(圖2-121)。

【動作要點】彈襠要快速、突然,要狠、準;推腕與頂襠要快速連貫、迅猛有力,推抓腕要快、緊;勾腿與雙手前推、身體前壓要協調一致,爆發用力。

6.踢頭勾腿跺頸

【攻擊方法】敵用右手握一砍刀與我對峙(圖2-122);我突然右前上步,並同時用左橫踢腿踢擊敵之頭部(圖2-123);上動不停,用右勾踢腿勾擊其左小腿後側(圖2-124),將敵摔倒;接著用右腳跺踩其頭、頸部(圖2-125)。

【動作要點】右前上步與左腿踢頭要快速、突然,踢頭要狠、準;上步勾踢要迅猛有力;跺頭、頸部要狠、準。

圖 2-122

圖 2-123

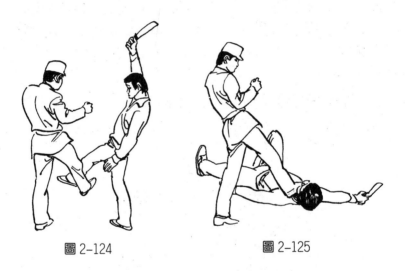

圖 2-124　　　　　　　圖 2-125

7.推頜頂襠切摔

【攻擊方法】敵用右手拿一鏈鎖與我對峙（圖 2-126）；我突然上左步用左手抓敵右腕或鏈鎖，並同時用右掌推擊敵之頜部（圖 2-127）；上動不停，用左頂膝頂擊其

圖 2-126　　　　　　　　圖 2-127

襠部（圖 2-128）；接著用右腿別其右小腿，左手回拉，右手前推，上體左轉將敵向左前摔出（圖 2-129）。

【動作要點】抓腕與推頜要快速、突然，推頜要狠；頂襠要迅猛有力，左手抓腕要牢；切摔要全身協調用力，快速連貫。

圖 2-128

圖 2-129

8.抓面撞頜頂肋

【攻擊方法】敵用雙手持一長棍與我對峙（圖 2-130）；我突然躍步用左前臂推擋敵之手臂或棍，同時用右手抓推敵之面部（圖 2-131）；接著用右橫肘撞擊其頜部

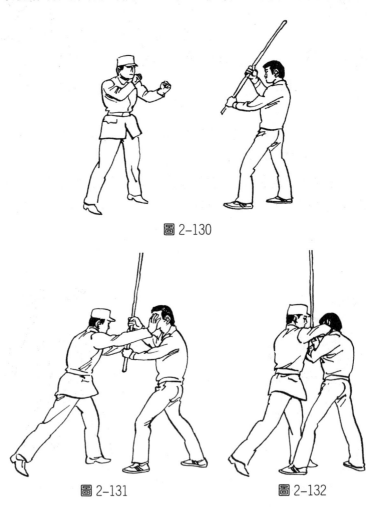

圖 2-130

圖 2-131　　　　　圖 2-132

圖 2-133

（圖 2-132）；上動不停，用左頂膝頂擊其右肋部（圖 2-133）。

【動作要點】躍步推擋與抓面要快速、突然；抓面與撞頜要協調連貫，撞頜要迅猛有力；頂肋要狠，爆發用力。

9. 彈襠擊面撞胸

【攻擊方法】敵用雙手平持一長棍與我對峙（圖 2-134）；我突然躍步進身並用左手抓棍，隨即用右正彈腿彈擊敵之襠部（圖 2-135）；上動不停，用右沖拳攻擊其面部（圖 2-136）；接著左腳用力蹬地跳起使身體前衝，並用左飛膝撞擊其胸部（圖 2-137）。

【動作要點】躍步抓棍要突然，彈襠要快速凶狠；彈襠與擊面要協調連貫，一氣呵成；飛膝撞胸要迅猛有力。

圖 2-134

圖 2-135   圖 2-136

10.摟膝踩腕踩頭

【攻擊方法】我從後面接近右手持槍的自然站立之敵
（圖2-138）；我突然上左步並屈膝、弓身兩手分別由外向

圖 2-137

圖 2-138　　　　　　　圖 2-139

內摟住敵之膝關節正面，並向後拉，同時用左肩向前頂撞其臀部（圖 2-139），摟、頂合力將敵向前摔出；隨即迅速上

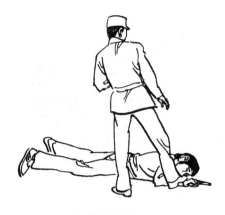

圖 2-140

圖 2-141

步用右腳踩擰其右手腕或手背（圖 2-140），使槍脫手；接著用左腳跺踩其頭、頸部（圖 2-141）。

【動作要點】進身要快速、突然，摟膝、頂摔要迅猛有力；上步踩腕要及時，踩腕要狠、準，使敵之槍脫手；跺頭要凶狠。

第 **3** 章

搏擊術的反擊絕招

搏擊術的反擊「絕招」，是指防禦敵人的襲擊和不法侵害，運用巧妙的踢、打、摔、拿技術動作以及組合連招進行自衛反擊，以「後發制人」的技術方法變被動為主動，戰勝敵人或制止歹徒犯罪的行為。

在本章裡，我們編撰了對徒手襲擊的防守反擊與對持械襲擊的防守反擊「絕招」，列舉了較為豐富的戰例，並闡述了絕招的實用方法和技巧。

在實際對敵搏鬥中運用時，關鍵是要沉著冷靜、機智勇敢，對於敵人的攻擊有預見能力，判斷準、反應快，先避開或化解敵人的凶猛攻擊，捕捉和把握戰機，快速果斷地對其要害部位給予狠狠打擊，將之重創甚或使其喪失反抗能力而束手就擒。

由於襲擊者是凶惡的敵人或歹徒，所以反擊招法都較為簡捷和講究實效，力求用一到兩個動作制敵，不給其留有反撲的機會，這就要求我們反擊則必時機恰當、擊點準確、迅猛有力。

特別是對持械之敵和多人的襲擊，更要格外的謹慎、清醒，捕捉最佳時機，選擇最巧妙、實效的「絕招」方法，使反擊達到一招奏效。

第一節

對徒手襲擊的防守反擊

襲擊者進行徒手突襲的方式很多，主要有從正面和背面的拳打腳踢及抓拿摟抱。

本節針對常見的一敵的突然襲擊，介紹一些簡捷的、實用性強的防守反擊方法與技巧，在實際運用時，則須隨機應變並能觸類旁通。

一、對正面襲擊的防守反擊

(一)襲擊者踢、打突襲

1.彈襠擊頭

【反擊方法】我在自然站立或行走中；敵突然用左沖拳襲擊我面部時，迅速上體後仰閃躲，並同時用左正彈腿反擊敵之襠部（圖3-1）；上動不停，隨即用左上勾拳攻擊其頭部（圖3-2）。

【動作要點】後仰閃躲時可同時用右掌拍防敵拳，閃躲與彈襠幾乎同時完成；左腳落步與拳擊頭要連貫協調，擊頭要狠、準。

図 3-1　　　　　　　　　図 3-2

2.過頂踢頭

【反擊方法】我在自然站立或行走中；敵突然用右沖拳襲擊我面部時，迅速下潛閃躲，並用抱雙腿過頂摔反擊（圖3-3）；在敵人還未站起時，快速上步用右彈腿踢擊其頭部（圖3-4）。

図 3-3

圖 3-4

【動作要點】避閃要及時，抱腿與過頂摔要全身協調用力，快速連貫；要注意保持自身平衡；上步踢肋要快速、凶狠。

3.插眼橫頭

【反擊方法】我在自然站立或行走中；敵突然用左摜拳襲擊我頭部時，迅速用右臂外格擋住敵拳（圖 3-5）；隨即

圖 3-5

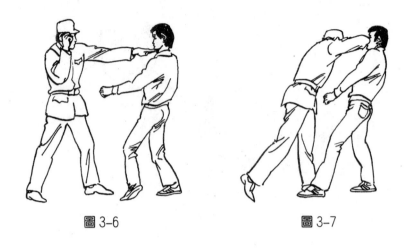

圖 3-6   圖 3-7

用左插掌反擊敵人眼（喉）部（圖3-6）；接著順勢用右橫
肘攻擊其頭部（圖3-7）。

　　【動作要點】外格要及時、有力，並與左插掌幾乎同時
完成；插眼要準；肘擊頭要迅猛有力。

4.踢頭項襠

　　【反擊方法】我在自然站立或行走中；敵突然用右摜拳
襲擊我頭部時，迅速退步閃躲，隨即用右橫踢腿反擊敵之頭
部（圖3-8）；接著右腳右前落步，用左頂膝攻擊其襠部
（圖3-9）。

　　【動作要點】退步閃躲要及時，退步與橫踢腿、踢頭要
協調連貫；踢頭要狠、準；右腳落步與左膝頂襠要快速、迅
猛。

圖 3-8　　　　　　　　　　　　圖 3-9

5.擊面勾踢

【反擊方法】我在自然站立或行走中；敵突然用左掌插擊我眼睛時，迅速用右手外格並刁抓敵之左腕（圖 3-10）；隨即用左沖拳反擊其面部（圖 3-11）；接著右手用

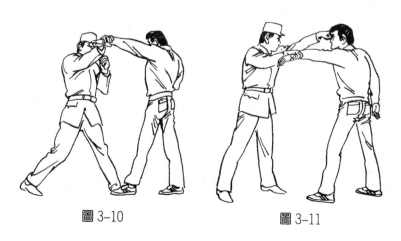

圖 3-10　　　　　　　　　　圖 3-11

第三章　搏擊術的反擊絕招

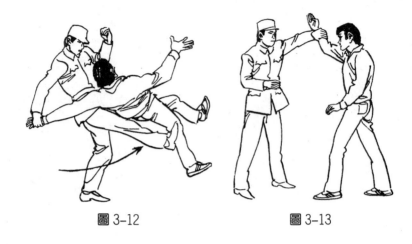

圖 3-12　　　　　　　　圖 3-13

力向右下拉，並同時用右勾踢腿勾踢其左小腿，使之失去平衡而倒地（圖 3-12）。

【動作要點】右手刁抓敵腕一定要準、穩；拳擊面要快速、準確；拉手、踢腿要協調一致，迅猛有力。

6.頂襠控肘

【反擊方法】我在自然站立或行走中；敵突然用右砍掌襲擊我頸部左側時，迅速用左前臂外格防守，並刁抓敵之右腕（圖 3-13）；隨即用右頂膝反擊其襠（腹）部（圖 3-14）；接著右前臂猛力從下向上挑擊敵之右肘窩，上體右轉，右手繼續用力向右下方旋壓別住其臂，左手向前推扭其右手腕，將之擒獲（圖 3-15）。

【動作要點】左手刁抓一定要準、穩；頂襠要狠、準；挑肘要快速有力，挑肘與轉體、右手的旋壓要快速連貫，一氣呵成。

圖 3-14　　　　　　　　　　圖 3-15

7.掐喉別摔

【反擊方法】我在自然站立或行走中；敵突然用右劈掌襲擊我面部時，迅速用左前臂上架防守（圖 3-16）；隨即用右手掐抓敵之喉部反擊（圖 3-17）；上動不停，右腿上

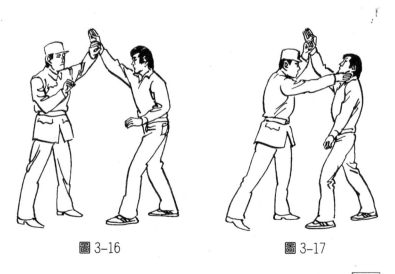

圖 3-16　　　　　　　　　　圖 3-17

圖 3-18

圖 3-19

步別其右小腿，右手前推，上體左轉將之摔倒（圖3-18）。

【動作要點】架防要及時，掐喉要快速有力，準、穩；左手架防後順勢向左下扒按敵之右臂，推、別與轉體要協調連貫、迅猛有力。

8. 撞肋劈頸

【反擊方法】我在自然站立或行走中；敵突然用右衝拳襲擊我胸部時，迅速用左前臂裡格敵之右前臂，並左前上步上體右轉閃躲（圖3-19）；隨即用右側撞膝反擊其右肋部（圖3-20）；接著順勢用右劈掌劈擊其頸部後側（圖3-21）。

【動作要點】裡格敵拳與上步、轉體要同時完成；撞膝擊肋要迅猛有力，若能配以雙手的反向摟扒敵之頸、背部，則效果更佳；劈擊頸部要狠、準。

圖 3-20

圖 3-21

9. 擊面頂頷

【反擊方法】我在自然站立或行走中；敵突然用右沖拳襲擊我襠部時，迅速退步並用左前臂拍壓防守（圖 3-22）；隨即用右橫肘反擊敵之面部（圖 3-23）；上動不

圖 3-22

圖 3-23　　　　　　　　　　圖 3-24

停，接著用右頂膝頂擊其下頜部（圖 3-24）。

【動作要點】退步、拍壓防守要及時，肘擊面快速有力、擊點準確；頂擊下頜要迅猛；擊面與頂頜要快速連貫。

10.擊肋撞面

【反擊方法】我在自然站立或行走中；敵突然揮舞雙拳向我撲來時，迅速向左側稍移並下潛閃躲（圖 3-25）；隨

圖 3-25

圖 3-26　　　　　　　　　　　　　圖 3-27

即用右橫肘反擊敵之肋、腹部（圖3-26）；接著用右側撞膝攻擊其面部（圖3-27）。

【動作要點】避閃要及時，肘擊肋要快速有力，避閃與肘擊肋幾乎同時進行；當敵被擊肋而弓身、低頭時，迅速用右膝撞擊其面部，若能用兩手扒按敵之頸後或背部以助撞力，效果更佳。

11.拉腿踢襠

【反擊方法】我在自然站立或行走中；敵突然用左劈掌襲擊我面部時，迅速下潛躲閃，同時兩手由外向內抱住敵之雙腿（圖3-28）；隨即兩手屈肘迅猛用力回拉，同時左肩向前頂其髖腹部，將其

圖 3-28

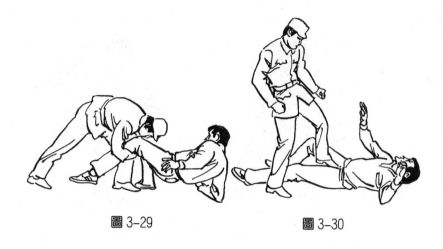

圖 3-29   圖 3-30

摔倒（圖 3-29）；接著順勢用左正彈腿彈踢其襠部（圖 3-30）。

【動作要點】躲閃要及時，抱腿要緊，手拉、肩頂要協調一致，快速有力；彈踢敵之襠部要快、準、狠。

12. 背摔踩頭

【反擊方法】我在自然站立或行走中；敵突然用右摜拳襲擊我頭部時，迅速用左前臂向外格擋，並摟抓其手臂（圖 3-31）；隨即上右步落在敵之右腳前，同時右臂屈肘夾其頸部；繼之向左轉體，左腳背步至與右腳平行，背轉向敵人，兩腿屈膝，用右側臀部抵頂住敵之腹部（圖 3-32）；動作不停，兩腿蹬伸，向下弓腰、低頭將敵背起後向前摔出（圖 3-33）；接著用右腳踏踩其頭部（圖 3-34）。

【動作要點】格擋敵之拳及時、有力；進身快、夾頸緊，使背貼近敵之胸部，臀抵頂緊敵之腹部；蹬腿、低頭、拉頸協調連貫，脆快有力；踏踩頭部要及時、有力。

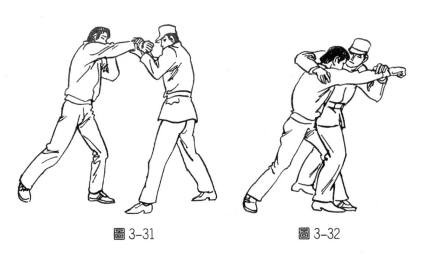

圖 3-31　　　　　　　　　　圖 3-32

圖 3-33　　　　　　　　　　圖 3-34

13.擊面踢肋

【反擊方法】我在自然站立或行走中；敵突然用右正彈腿襲擊我襠部時，迅速左腿提膝並裡扣防守（圖3-35）；隨即用右沖拳反擊敵之面部（圖3-36）；接著用右橫踢腿攻擊其腹肋部（圖3-37）。

圖3-35

圖3-36

圖3-37

圖3-38

搏擊術精選

圖 3-39

圖 3-40

【動作要點】提膝裡扣防守及時；左腳落步與右沖拳反擊要同時進行，擊面準、狠；踢肋要迅猛有力。

14.鎖腿踹膝

【反擊方法】我在自然站立或行走中；敵突然用左正蹬腿襲擊我胸腹部時，迅速向左側閃躲，並同時用兩手將敵之左腿抄抱住（圖 3-38）；隨即用左側踹腿反擊其右腿膝關節（圖 3-39），使之膝關節受挫而倒地。

【動作要點】側閃要及時，側閃與抄抱腿要同時進行，抱腿要緊、穩固；踹膝要準、狠，同時兩手上抬其左腿以助踹力。

15.蹬腹踹頭

【反擊方法】我在自然行走或站立中；敵突然用右低側彈腿襲擊我左膝關節時，迅速提膝防守（圖 3-40）；隨即

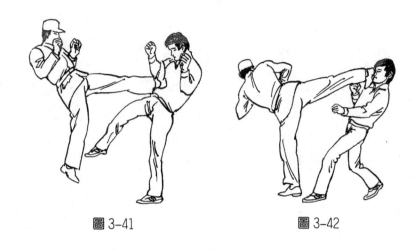

圖 3-41   圖 3-42

順勢用左正蹬腿反擊敵之胸腹部（圖 3-41）；接著用右側踹腿攻擊其頭部（圖 3-42）。

【動作要點】提膝防守及時，提膝與蹬腿擊腹要快速連貫，蹬腿要爆發用力；右側踹擊頭要迅猛有力、擊點準確。

16.劈頸撞腹

【反擊方法】我在自然行走或站立中；敵突然用左側彈腿襲擊我頭部時，迅速用右手由下向上撲，左前臂外格將敵之左腿抄抱住（圖 3-43）；隨即用左劈掌反擊其頸部左側（圖 3-44）；接著左手順勢向下扒按敵之頸部後側，用左撞膝攻擊其腹部（圖 3-45）。

【動作要點】抄抱敵腿要及時、穩固；左掌劈頸要狠、準；左手摟頸扒摟與膝撞腹要協調一致，撞腹要迅猛有力。

圖 3-43   圖 3-44

圖 3-45   圖 3-46

17.掃腿踢肋

【反擊方法】我在自然行走或站立中；敵突然用右橫踢腿襲擊我頭部時，迅速下蹲閃躲（圖 3-46）；隨即右後轉

圖 3-47   圖 3-48

體，並用右後掃腿反擊敵之左支撐腿小腿下端（圖 3-47），使之倒地；接著迅速上步，用右彈腿踢擊其肋部（圖 3-48）。

【動作要點】下蹲躲閃與後掃敵支撐腿要快速連貫，一氣呵成；掃腿要迅猛有力；上步踢肋要快、狠。

18.摟腿踢襠

【反擊方法】我在自然行走或站立中；敵突然用左側踹腿襲擊我面部時，迅速下潛避閃並上步摟抱敵之右支撐腿（圖 3-49）；動作不停，兩手迅速用力回拉，同時用右肩用力向前撞頂敵之大腿部，將之掀翻（圖 3-50）；接著順勢用右彈腿彈踢其襠部（圖 3-51）。

【動作要點】下潛避閃與抱腿要迅速敏捷；摟腿回拉與肩前頂要協調一致，快速有力；踢襠要狠、準。

19.抱腿背摔

【反擊方法】我在自然行走或站立中；敵突然用右正蹬腿襲擊我胸部時，迅速向左閃步躲閃，同時用兩手抓抱敵之右小腿或腳踝處（圖3-52）；隨即身體右後轉，右腳背

圖 3-49

圖 3-50

圖 3-51

圖 3-52

圖 3-53

圖 3-54

步，屈膝下蹲將敵之右腿抬扛於左肩上（圖3-53）；上動不停，繼而低頭、弓腰，兩腿蹬伸，兩手向前下猛力拉拽，將其過背摔倒（圖3-54）。

【動作要點】閃步與抓抱敵腿要同時進行，抱腿要穩固；背步、扛腿要快速連貫，背摔要全身協調用力；整個動作要一氣呵成。

20.掛腿摜頭

【反擊方法】我在自然行走或站立中；敵突然用右正蹬腿襲擊我腹部時，迅速用左前臂向右掛防並稍右轉上體閃躲（圖3-55）；隨即用右摜拳反擊敵之頭部（圖3-56）。

【動作要點】掛腿要時機恰當，掛防、轉體協調一致；摜拳反擊要快速，狠、準有力。

21.托腿踩襠

【反擊方法】我在自然行走或站立中；敵突然用左正蹬腿襲擊我胸部時，迅速用兩手抓握住敵之左小腿或腳踝處（圖3-57）；隨即屈臂上抬，兩手換托敵之左腳後向前上方猛力推舉（圖3-58）；接著順勢用左腳踩擊其襠部（圖

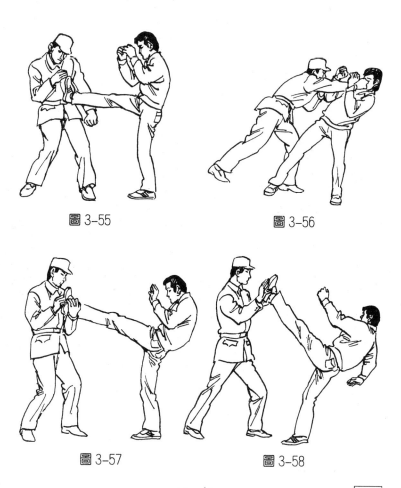

圖 3-55

圖 3-56

圖 3-57

圖 3-58

圖 3-59　　　　　　　　圖 3-60

3-59），將之擊倒。

【動作要點】抓腳、換手要快速連貫；推舉迅猛有力；
跺襠要狠、準。

22.挫膝跪襠

【反擊方法】我在自然行走或站立中；敵突然用左側彈
腿襲擊我腹部時，迅速上左步，並用左手自下向上抓抱住敵
左腿膕窩處，右手摟抓其小腿下端（圖 3-60）；隨即右腳
撤步並向右轉體，同時右手用力向內扳壓敵之小腿，左肩前
頂其大腿內側（圖 3-61），將之挫膝摔倒；接著順勢用左
膝跪擊其襠部（圖 3-62）。

【動作要點】抱腿要緊；撤步、轉體與扳壓挫膝要快速
連貫，全身協調用力；跪襠要狠。

圖 3-61　　　　　　　　　　圖 3-62

23.擊面勾踢

【反擊方法】我在自然行走或站立中；敵突然用右側彈腿襲擊我頭部時，迅速上左步，同時用右手向外格擋，左手自下向上抄抱敵之右小腿（圖 3-63）；隨即用右反彈拳反

圖 3-63

圖 3-64

圖 3-65

擊其面部（圖 3-64）；接著右手摟扒敵之頸部後側，並向右下方扒摟，同時左手上抬敵腿，右腳從右向左猛力勾踢其左支撐腿小腿下端，將之摔倒（圖 3-65）。

【動作要點】抄抱腿要及時，左手夾抱腿要穩固；彈面要脆快有力；左手上抬、右手扒按與勾踢要協調一致，快速有力。

24.涮腿踩肋

【反擊方法】我在自然行走或站立中；敵突然用左側踹腿襲擊我腹部時，迅速退步，並用雙手抓握住敵之腳踝關節處（圖 3-66）；隨即雙手用力向右下至左上搖涮敵之左腿（圖 3-67），將敵摔倒；接著順勢用右腳踏踩其肋部（圖 3-68）。

【動作要點】退步、抓腳時機恰當，抓腳緊、牢；涮腿快速有力，全身協調一致；踩肋要狠。

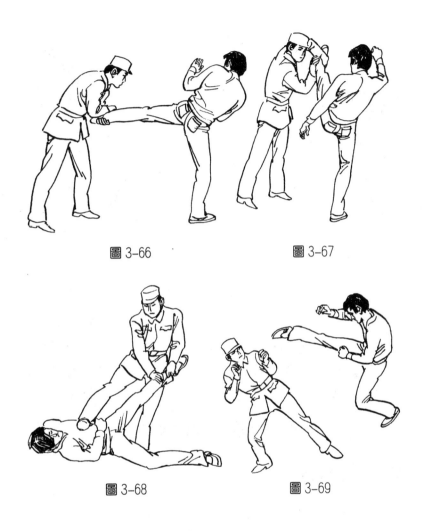

圖 3-66　　　　　　　　　圖 3-67

圖 3-68　　　　　　　　　圖 3-69

25.頂腰踹膝

【反擊方法】我在自然行走或站立中；敵突然跳起用右正彈腿襲擊我面部時（圖 3-69），迅速向右側閃步避開；當敵落地時，迅速上步用左手抓其領，右手抓其髮，並同時

圖 3-70

圖 3-71

用右膝頂撞其腰部（圖 3-70）；接著用右腳踹擊其右膝關節膕窩，將之擒獲（圖 3-71）。

【動作要點】閃避及時；上步抓領、發快速有力；頂腰迅猛，並同時向後拉拽敵之領、發，以助撞力；踹膝有力。

（二）襲擊者抓拿、摟抱突襲

1.切腕踹膝

【反擊方法】我在自然行走或站立中；敵突然用左手抓握我右前臂時（圖 3-72），迅速用左手扣按敵之手背，將其手控制，同時右腕上屈並內旋，用掌根內側頂於其外腕處（圖 3-73）；上動不停，用右掌刃向左猛切其腕（圖 3-74）；接著用右踹腿踹擊其左膝膕窩，將之折腕擒獲（圖 3-75）。

搏擊術精選

圖 3-72

圖 3-73

圖 3-74

圖 3-75

【動作要點】左手要扣緊敵之手背，防敵抽手逃脫；
扣、切快速連貫，切腕要爆發用力；踹膝要狠，同時兩手要
上抬以增折腕之力。

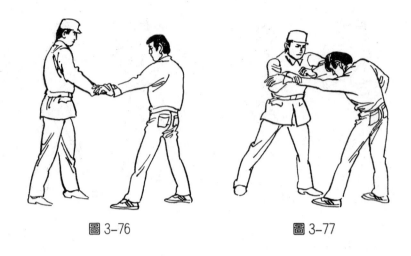

圖 3-76　　　　　　　　　　圖 3-77

2.擊面頂襠

【反擊方法】我在自然行走或站立中；敵突然用左手抓握我右手腕時，迅速翻腕由裡向外反抓敵左腕（圖3-76）；隨即用左橫肘反擊其面部（圖3-77）；接著用左頂膝頂擊其襠部（圖3-78）。

【動作要點】右手翻腕要有力，抓敵腕要牢；左肘擊面要快速有力；頂襠要狠、準。

3.別腕踢頭

【反擊方法】我在自然行走或站立中；敵突然用左手抓住我右上臂時（圖3-79），迅速用左手扣按敵之手背，同時屈右肘由其手臂外用前臂反壓自己左手背，幫助左手扣緊（圖3-80）；隨即左腳撤步並猛向左後轉身，用右前臂別

圖 3-78

圖 3-79

圖 3-80

圖 3-81

圖 3-82

其腕，將其手腕擒制（圖 3-81）；接著順勢用左彈腿踢擊
其頭部，重創之（圖 3-82）。

　　【動作要點】左手扣按與右屈肘要同時完成，扣手要
緊、牢；轉身別腕要爆發用力；踢頭要迅猛有力。

4.頂襠纏臂

【反擊方法】我在自然行走或站立中；敵突然用左手抓住我右肩時，迅速用左手抓按敵之手背於肩上（圖3-83）；隨即用左頂膝頂擊其襠部（圖3-84）；接著在左腳落步的同時，右手由下向上、向右纏繞敵之左前臂（圖3-85），向下旋擰使其屈肘，繼之上體左轉，右肘向左上方猛抬，使敵之左腕、肘、肩三關節受制，束手就

圖 3-83

圖 3-84

圖 3-85

圖 3-86   圖 3-87

擒（圖 3-86）。

【動作要點】左手抓按敵之手背要緊、牢，將其手控制
於肩上；頂襠要快速有力；纏臂、轉體及抬肘要連貫、協
調，一氣呵成。

5.踢襠纏腕

【反擊方法】我在自然行走或站立中；敵突然用右手抓
握我右手腕時，迅速用左手扣按其手背，將其手控制（圖
3-87）；隨即用右腿彈踢敵之襠部（圖 3-88）；在右腿回
收的同時，右手邊回帶邊上挑，外旋纏抓敵之腕；隨即用右
掌刃猛力向下旋切其右手腕，將敵擒制（圖 3-89）。

【動作要點】左手扣敵右手背要緊、牢；踢襠要快速有
力；右手纏、旋、切敵之腕要快速連貫，爆發用力；踢襠後
右腳向後撤步回收。

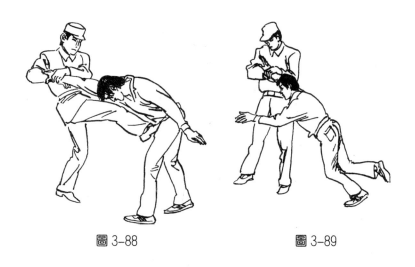

圖 3-88   圖 3-89

6.擊頭纏肘

【反擊方法】我在自然行走或站立中；敵突然用右手抓握我胸衣時，迅速用左手扣按其手背於胸部，將敵之右手控制（圖3-90）；隨即用右沖拳反擊敵之頭部（圖3-

圖 3-90

圖 3-91

圖 3-92　　　　　　　　圖 3-93

91）；接著順勢上右步，右手屈肘上舉向下砸壓敵之肘關節，使其屈肘（圖 3-92），動作不停，以右肘關節為軸，使右手外旋由下經其右腰側向右纏繞其肘，上體右後轉助力；使敵之右腕、肘、肩三關節受制，束手就擒（圖 3-93）。

【動作要點】左手扣按敵右手背要緊、牢，在扣手的同時用右沖拳反擊敵之面部；砸、纏肘及上體右轉要連貫協調，一氣呵成。

7.砍頸端肘

【反擊方法】我在自然行走或站立中；敵突然用右手抓握我腰帶時，迅速用右手虎口朝前抓握敵之手腕，將其手控制在小腹上（圖3-94）；隨

圖3-94

即用左砍掌砍擊其頸部右側反擊（圖3-95）；接著右轉體拉直敵之右臂，左臂屈肘由下向上猛端其右肘關節後部（圖3-96），使敵之肘折傷或脫臼。

圖3-95

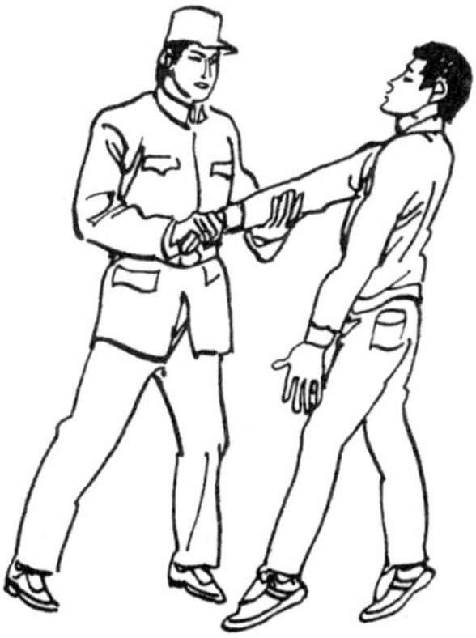

圖3-96

【動作要點】右手抓握敵右腕要緊，使其不能逃脫；砍頸要狠、準；右轉體與端肘要快速連貫，爆發用力。

8.頂襠切腕

【反擊方法】我在自然行走或站立中；敵突然用右手抓拉我頭髮時，迅速用左手扣抓敵之手背，用掌根緊頂其外腕（圖3-97），將其手固定於頭上；隨即用右手迅速扣抓其手腕，並同時用右頂膝頂擊其襠部（圖3-98）；緊接著右腳向後落步並右後轉體，同時頭、手猛向右下方切敵之右腕，使其折腕被擒（圖3-99）。

【動作要點】扣抓敵右手要緊、牢，以免損傷頭髮；頂襠要迅猛有力；右腳落步、右後轉體與切腕要協調連貫，快速有力。

圖 3-97

圖 3-98

圖 3-99

圖 3-100

圖 3-101

圖 3-102

9.勾頷頂肋

【反擊方法】我在自然行走或站立中；敵突然用雙手抓
握我左手腕時（圖3-100），迅速用力回拉左手，並同時用
右上勾拳勾擊敵之下頷部（圖3-101）；接著用右頂膝頂擊
其肋部（圖3-102）。

【動作要點】回接左手與右拳擊頜同時進行，以增攻擊力；勾頜與頂肋要快速連貫，頂肋要迅猛有力。

10.推面撞腹

【反擊方法】我在自然行走或站立中；敵突然用雙手抓住我右手腕時（圖3-103），迅速上步，並用左推掌猛力推擊敵之面部鼻梁或下巴（圖3-104）；緊接著用左側撞膝撞

圖3-103

圖3-104

擊其腹部（圖3-105），解脫
右手。

【動作要點】左掌推擊要
快速有力；推掌與撞腹要協調
連貫，撞腹要迅猛、爆發用
力。

11.頂襠勾踢

【反擊方法】我在自然行
走或站立中；敵突然用雙手分
別抓住我肩（胸）衣時（圖
3-106），迅速用兩手分別扣

圖 3-105

抓敵之手腕；隨即用右頂膝頂擊其襠部（圖3-107）；接著
上體左轉，兩手分別向左扳擰敵腕，同時用左勾踢腿勾擊敵

圖 3-106

圖 3-107

圖 3-108

圖 3-109

之右腿腳踝處（圖3-108），將之摔倒。

【動作要點】扣抓敵腕要緊、牢，頂襠時上體順勢後仰以助頂擊力，頂襠狠、準；向左轉體、扳腕及勾踢要協調一致，勾踢要迅猛有力。

12.頂襠撞面

【反擊方法】我在自然行走或站立中；敵突然用雙臂抱住我雙臂及腰時（圖3-109），迅速屈膝使身體重心下降，同時兩臂外撐兩手推敵之髖、腹部（圖3-110）；隨即上體後仰用右頂膝頂擊敵之襠部（圖3-111）；接著迅速屈體，並用前額撞擊其面部（圖3-112）。

【動作要點】撐臂及推敵髖、腹部要快速有力；頂襠要迅猛，配以上體後仰以助頂擊力；撞面要突然，狠準有力。

圖3 110

圖3-111

圖3-112

圖3-113

13. 擰頭挫頸

【反擊方法】我在自然行走或站立中；敵突然摟抱住我腰時，迅速重心下沉防守，同時左手用力托（摳）住敵之下頜，右手扒扣其後腦（圖3-113）；隨即身體用力右轉，兩

手同時向右後猛力扭轉其頭（圖3-114），使敵頸部受損就擒。

【動作要點】兩手摳、扒敵之頭要緊、牢，不讓其逃脫；轉體與擰頭要協調一致，快速有力。

14.頂面踢頭

圖3-114

【反擊方法】我在自然行走或站立中；敵突然上步，弓身欲抱我腿時（圖3-115），迅速提左膝向前上方頂擊敵之面部（圖3-116）；接著順勢用左側彈腿踢擊其頭部（圖3-117）。

【動作要點】提膝頂面要快速、及時，頂面要狠、準；頂面與踢頭要快速連貫，踢頭要全身協調用力。

圖3-115　　　　　　　　　圖3-116

圖 3-117

15.掐頸砸背

【反擊方法】我在自然行走或站立中；敵突然用雙手抱住我左腿時（圖 3-118），迅速重心下降防守，並隨即用左

圖 3-118

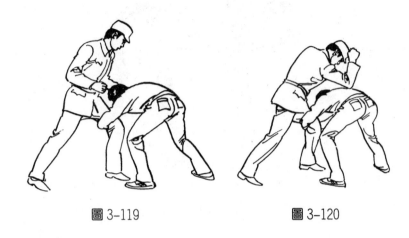

圖 3-119　　　　　　　　　　圖 3-120

手虎口朝前掐按敵之後頸部（圖3-119）；接著用右砸肘猛力砸擊其背心處（圖3-120）。

【動作要點】防守及時；掐按敵之後頸有力，限制敵抬頭、直腰；砸背要迅猛有力，砸擊時身體重心繼續下沉以增砸擊力。

二、對背面襲擊的防守反擊

(一)襲擊者踢、打突襲

1.蹬襠踢頭

【反擊方法】我在自然行走或站立中；敵突然從背後用右沖拳襲擊我頭部時（圖3-121），迅速上一步並上體前俯；隨即用左後蹬腿反擊敵之襠部（圖3-122）；接著快速

圖 3-121　　　　　　　　圖 3-122

左後轉體，用右正彈腿踢擊其頭部（圖 3-123）。

　【動作要點】反應快，防守及時；上步與後蹬腿反擊要快速連貫；轉體踢頭要迅猛有力，踢頭要狠、準。

圖 3-123

2.踹膝摜頭

【反擊方法】我在自然行走或站立中；敵突然用右砍掌襲擊我頸部右側時（圖 3-124），迅速向左側跨一步閃躲；隨即用右側踹腿反擊敵之左膝關節外側（圖 3-125）；上動不停，接著用左摜拳攻擊其頭部（圖 3-126）。

圖 3-124　　　　　　圖 3-125

圖 3-126

【動作要點】反應快；跨步閃躲與側踹反擊要協調連貫，踹擊要快速有力；右腳落步與左攬拳擊頭同時完成，攬頭要迅猛有力。

3.鞭頭頂面

【反擊方法】我在自然行走或站立中；敵突然用右沖拳襲擊我背部時（圖3-127），迅速左後轉體，同

圖3-127

時用左鞭拳反擊敵之頭部（圖3-128）；隨即上左步，用兩手扒按敵之頸部後側，並用右頂膝猛力頂擊其面部（圖3-129）。

圖3-128

圖3-129

【動作要點】反應快；轉體與鞭擊頭要同時進行，快速有力；上步扒頸與頂膝要快速連貫，頂膝要迅猛有力。

4.絆腿踢襠

【反擊方法】我在自然行走或站立中；敵突然從背後猛撲過來並揮拳亂打襲擊我時（圖3-130），迅速向

圖3-130

左側跨一步閃躲，同時下蹲並用右腿向後掃絆敵之前腳腳踝處或小腿下端（圖3-131），使其向前摔出；接著快速上左步，並用右彈腿踢擊敵之襠部（圖3-132）。

【動作要點】反應快，跨步閃躲及時；跨步、下蹲閃躲與掃絆要快速連貫，一氣呵成；掃絆要迅猛有力；上步踢襠

圖3-131   圖3-132

要快、狠、準。

5.頂腹擊頭

【反擊方法】我在自然
行走或站立中；敵突然從背
後用右摜拳襲擊我頭部右側
時（圖3-133），迅速抬右
臂、下蹲閃躲防守（圖3-
134），並同時上體左後轉
用左後頂肘反擊敵之腹部；
上動不停，繼續左轉體，

圖 3-133

左腳向前上步並隨即用右橫肘攻擊其頭部（圖3-135）。

【動作要點】反應快，防守及時；防拳與肘反擊敵腹要
同時進行，頂腹要全身協調用力；上步右橫肘擊頭要快速
連貫，擊頭狠、準。

圖 3-134

圖 3-135

6.頂腹撞頭

【反擊方法】我在自然
行走或站立中；敵突然從背
後用左摜拳襲擊我頭部左側
時（圖 3-136），迅速抬左
臂、下蹲閃躲防守，並同時
左後轉體用右後頂肘反擊敵
之腹部（圖 3-137）；接著
後撤右步，用左膝撞擊敵之
頭部（圖 3-138）。

圖 3-136

【動作要點】反應快，
防守及時；防拳與肘反擊幾乎同時完成，肘擊腹要快速、爆
發用力；撤步膝撞頭要連貫協調，撞頭要狠、準。

圖 3-137

圖 3-138

7.擊腹撞胸

【反擊方法】我在自然行走或站立中；敵突然從背後用左沖拳襲擊我頭部時（圖3-139），迅速上右步並低頭，弓身閃躲防守（圖3-140）；隨即左後轉體，並用右沖拳反擊敵之腹部（圖3-141）；上動不停，接著左腳左前上步，並用右側撞膝猛力撞擊敵之胸部（圖3-142）。

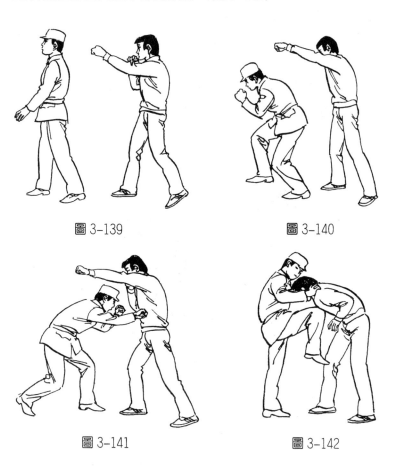

圖 3-139　　　　　　　　　圖 3-140

圖 3-141　　　　　　　　　圖 3-142

【動作要點】反應快，上步閃躲防守及時；防守與右沖拳擊腹反擊要快速連貫，反擊要突然、迅猛有力；右膝撞胸要凶狠，爆發用力。

8.擊頭擊面

【反擊方法】我在自然行走或站立中；敵突然從背後用右正蹬腿襲擊我腰部時，迅速右後轉體，並同時用右前臂外掛敵之小腿外側防守（圖3-143）；隨即上右步，用左摜拳反擊其頭部（圖3-144）；接著順勢用右橫肘攻擊其面部（圖3-145）。

【動作要點】反應快，掛防及時；轉體掛防與左摜拳反擊要協調連貫，擊頭要快速有力；右橫肘擊面要迅猛，爆發用力。

圖 3-143

圖 3-144

圖 3-145

9.踹膝踢頭

【反擊方法】我在自然行走或站立中；敵突然從背後用左側踹腿襲擊我頭部時，迅速向右跨一步閃躲（圖 3-146）；隨即用左側踹反擊敵之右腿膝關節（圖 3-147）；接

圖 3-146　　　　　　　圖 3-147

圖 3-148

著用右側彈腿踢擊其面部（圖 3-148）。

【動作要點】反應快，跨步閃躲與左側踹反擊要協調、迅速連貫，踹膝要有力；踹膝後迅速插右步並接用左腿猛力踢擊敵之面部。

10.踢肋摜頭

【反擊方法】我在自然行走或站立中；敵突然從背後用左正蹬腿襲擊我腰部時，迅速上右步，並同時左後轉體用左前臂向下砸、掛敵之左小腿（圖 3-149）；隨即用右側彈腿踢擊敵之肋部反擊（圖 3-150）；上動不停，右腳向右前落步，同時用左摜拳攻擊其頭部（圖 3-151）。

【動作要點】反應快，防守及時；外掛敵腿與右側彈反擊要協調連貫；踢肋要狠；左摜拳擊頭要迅猛有力。

圖 3-149

圖 3-150

圖 3-151

11.彈膝擊頭

【反擊方法】我在自然行走或站立中；敵突然從背後用右側彈腿襲擊我頭部時，迅速上左步弓身、上體稍右轉閃躲（圖3-152）；隨即用左側彈腿反擊敵之左膝關節後側（圖3-153）；上動不停，向左前落步並同時用右沖拳攻擊其頭部（圖3-154）。

【動作要點】反應快，避閃及時；左側彈腿反擊要快速有力；左側彈反擊與右拳擊頭要協調連貫，一氣呵成；右拳擊頭要狠、準。

圖3-152

圖3-153

圖3-154

12.踹頭踹腹

【反擊方法】我在自然行走或站立中；敵突然從背後用左側彈腿襲擊我左肋部時（圖 3-155），迅速上右步、左後轉體閃躲（圖 3-156）；隨即用左側踹腿踹擊敵之頭部反擊

圖 3-155

圖 3-156

圖 3-157

圖 3-158

（圖3-157）；接著插右步、用左側踹腿攻擊其腹部（圖3-158）。

【動作要點】反應快，上步防守及時；防守與左側踹腿踹頭反擊要協調連貫，踹頭快速有力；右插步踹腹要迅猛，並有一定的攻擊距離。

13.踹膝鎖頸

【反擊方法】我在自然行走或站立中；敵突然從背後用右側彈腿襲擊我頭部右側時，迅速抬臂舉手並下蹲躲閃（圖3-159）；隨即用右側踹腿踹擊敵之左膝關節處（圖3-160），使之跪撐；接著快速用右臂夾鎖其頸部（圖3-

圖 3-159

圖 3-160

161），將之擒獲。

【動作要點】反應快，躲閃及時；當敵之右腿未落地時，即快速用右側腿踹擊其左膝窩，邊踹邊踩使敵跪撐；鎖頸要快速有力，要緊、牢。

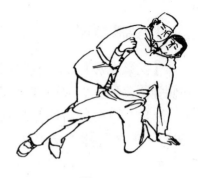

圖3-161

14.砸面勾踢

【反擊方法】我在自然行走或站立中；敵突然從背後用右側彈腿襲擊我肋部右側時（圖3-162），迅速左後轉體，並同時用左砸肘砸擊敵之面部反擊（圖3-163）；接著順勢用右勾踢腿勾踢其左小腿下端（圖3-164），將之摔倒。

【動作要點】反應快，轉體與砸面快速連貫，砸面要狠、準，爆發用力；勾踢要迅猛有力。

圖3-162　　　　　　　　圖3-163

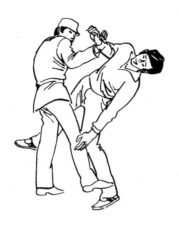

圖 3-164

15.踢面掃頭

【反擊方法】我在自然行走或站立中；敵突然從背後跳起踹擊我背部襲擊時（圖 3-165）；迅速向右前方跨一步閃躲，並左轉體注視來犯之敵；當敵剛落地時，迅速用右橫踢

圖 3-165

圖 3-166

圖 3-167

腿踢擊其面部反擊（圖 3-166）；上動不停，接著順勢左後
轉身用左後掃擺腿攻擊其頭部（圖 3-167）。

【動作要點】反應快，躲閃及時，右跨步距離適中；右
橫踢腿踢面反擊要快速有力，「超目標」攻擊；右腿踢面與
左後掃擺腿掃頭要協調連貫，一氣呵成；掃頭要迅猛有力。

（二）襲擊者抓拿、摟抱突襲

1.頂掌扭腕

【反擊方法】我在自然行走或站立中；敵突然從背後用
右手抓住我頭髮時（圖 3-168），迅速用右手抓住其右手，
並用掌根緊頂於腕關節處，同時用左手扣按自己右腕，將敵
之手固定於我頭上；隨即右腳撤步並右後轉體，同時兩手將
其手腕外翻至手心朝上（圖 3-169），隨之迅速抬頭，兩手
猛力向上扭折其腕，迫使敵因腕部被制而就擒（圖 3-
170）。

圖 3-168

圖 3-169

圖 3-170

【動作要點】反應快，抓敵之右手要緊、牢；撤步、轉體與翻、折腕要協調連貫，折腕要狠。

圖 3-171　　　　　　　　圖 3-172

2.頂肋擊腹

【反擊方法】我在自然行走或站立中；敵突然從背後將我頸部夾鎖，並抓住我的左手臂時（圖3-171），迅速向其右肘窩處轉頭，以解鎖喉之危；隨即用右後頂肘猛擊敵之右肋部（圖3-172）；如仍未解脫，則繼續用右後頂肘連擊其腹、肋部。

【動作要點】反應快，右轉頭防守與右肘擊肋要同時進行；肘擊迅猛，爆發用力。

3.砸脛背摔

【反擊方法】我在自然行走或站立中；敵突然從背後用雙手掐住我頸部時，迅速縮頸，並用兩手分別抓住敵之兩腕向外拉；隨即抬右腿用右腳跟向後砸擊其脛骨（圖3-

圖 3-173

圖 3-174

173）；接著後撤步，用臀部貼緊其腹部，隨之屈體前俯，兩手猛用力下拉，將敵向前摔出（圖 3-174）。

【動作要點】反應快，抓敵之腕快速有力；後砸脛骨要狠、準；撤步要快，屈體與拉手要協調一致，迅猛有力。

4.格肘切摔

【反擊方法】我在自然行走或站立中；敵突然從背後用右手抓住我右肩時（圖 3-175），迅速用左手抓按敵之右手於肩上，隨即右後轉體用右前臂猛力從左至右格擊

圖 3-175

圖 3-176

圖 3-177

其肘關節（圖 3-176）；接著上右步落於敵右腳後切絆其右腿，同時右肘橫擊敵之頭、頸部（圖 3-177），將敵摔倒。

【動作要點】抓敵右手要緊、牢；轉體、格肘要協調一致，快速有力；切腿、摜頭要同時完成，迅猛有力。

5.頂頭擊面

【反擊方法】我在自然行走或站立中；敵突然從背後用雙手抱住我腰時，迅速用力向左前屈體（圖 3-178），隨即迅猛向右後轉體，並用右肘猛擊敵之頭部（圖 3-179）；接著快速左後轉體，用左肘攻擊其面部（圖 3-180）。

【動作要點】左屈體有力；左、右轉體快速迅猛，以

圖 3-178

搏擊術精選

圖 3-179

圖 3-180

腰帶肘攻擊；肘擊短促有爆發力，擊頭準確。

6.撞面抓襠

【反擊方法】我在自然行走或站立中；敵突然從背後抱住我雙臂和腰時，迅速使身體重心下沉，兩肘外撐防守（圖3-181）；隨即迅速仰頭撞擊敵之面部（圖3-182）；接著

圖 3-181

圖 3-182

圖 3-183

快速向左側跨步，用右手向後撩抓敵之襠部（圖 3-183）。

【動作要點】防守及時；撞面不可過分用力，目的是為撩抓襠部作準備；撞面與左跨步、撩抓襠部要協調連貫，撩抓要準、狠。

7.踩腳拉摔

【反擊方法】我在自然行走或站立中；敵突然從背後抱住我雙臂和腰時，迅速抬起右腿用腳跟猛力向下踩踩敵之右腳背（圖 3-184）；上動不停，隨即雙臂用力上挑，並用兩手抓住敵之兩臂，迅速屈體前俯，提臀、蹬腿，兩手猛拉其臂，將敵向前摔出（圖 3-185）。

【動作要點】踩踩敵之腳背要狠、準；盡量高挑敵之雙臂，屈體、蹬腿與拉臂要協調連貫，快速有力。

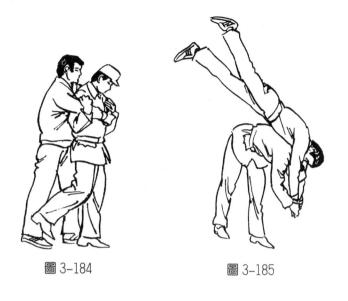

圖 3-184　　　　　　圖 3-185

8. 撩襠劈頸

【反擊方法】我在自然行走或站立中；敵突然從背後用
雙手將我左手腕反手拿住時（圖 3-186），迅速用右腿向後

圖 3-186

圖 3-187

圖 3-188

上方撩踢敵之襠部（圖 3-187）；上動不停，隨即右後轉體，用右劈掌或右後頂肘攻擊其頸部（圖 3-188）。

【動作要點】反應快；右腿撩襠反擊要快速準確；轉體劈頸要迅猛有力。據敵我距離之遠近而靈活選用劈掌或頂肘。

9.扳腿挫膝

【反擊方法】我在自然行走或站立中；敵突然從背後摟抱住我腰部時，迅速向側跨步，身體重心下沉防守（圖 3-189）；隨即猛向前屈體，用雙手抓住敵之前腿踝關節或足跟（圖 3-190）；接著猛力向上提扳，同時用力向下坐臀挫敵之膝關節（圖 3-191），使其膝關節

圖 3-189

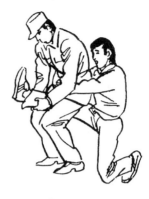

圖 3-190

圖 3-191

受損或倒地。

【動作要點】防守及時；扳腿、坐臀要協調連貫，快速有力；臀部要坐於敵之膝關節上部。

10.頂襠踹腹

【反擊方法】我在自然行走或站立中；敵突然從背後抓住我雙肩，並用右腿踹我右膝窩時（圖3-192），迅速向前屈體並隨即左後轉體用左後頂肘反擊敵之襠部（圖3-193）；接著用左側踹腿攻擊其腹部（圖3-194）。

【動作要點】反應快，屈體防守及時；防守與轉體、左

圖 3-192

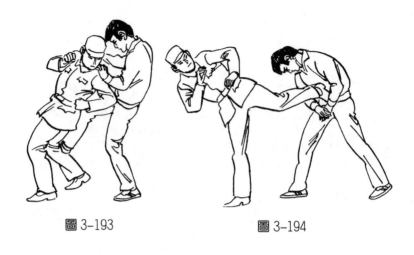

| 圖 3-193 | 圖 3-194 |

肘反擊要協調連貫，肘擊要迅猛有力；踹腹要快速、凶狠，有爆發力。

11.頂肋別摔

【反擊方法】我在自然行走或站立中；敵突然從背後用雙臂環抱住我頸喉部時（圖 3-195），迅速用兩手向下拉拽敵之手臂防守，隨即上體左轉用左後頂肘反擊其左肋部（圖 3-196）；接著左手順勢別敵左膝關節外側，右手緊抓敵之右臂，身體驟然右轉，將敵向前摔出（圖 3-197）。

【動作要點】反應快，拉拽敵臂及時、有力；左肘反擊敵肋迅猛有力；別腿、拉臂與

圖 3-195

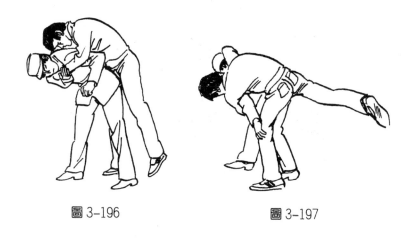

| 圖 3-196 | 圖 3-197 |

轉體要協調連貫，快速有力。

12.踹膝踹頭

【反擊方法】我在自然行走或站立中；敵突然從背後摟拉我雙腿並前頂摔我時（圖3-198），迅速用兩臂屈肘前倒防守（圖3-199）；隨即快速撐臂並稍左轉體用左腿踹擊敵之膝關節或小腿脛骨（圖3-200）；接著再踹擊其頭部（圖3-201）。

【動作要點】反應快，前倒防守及時；倒地與轉體踹膝要連貫協調，踹膝要狠、準；踹頭時繼續撐右臂助力，踹頭要迅猛有力。

圖 3-198

圖 3-199

圖 3-200

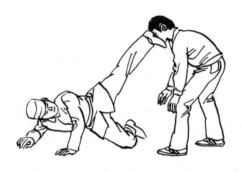

圖 3-201

第二節

對持械襲擊的防守反擊

被持械的敵人襲擊，處境是十分危險的。首先我們要具有大無畏的勇氣和膽量，不膽怯、不逃避，沉著冷靜，面對敵人；其次要把握距離，察情觀勢，準確判斷或洞察敵人所採取的攻擊方法和部位，捕捉最佳反擊時機，避其鋒芒，大膽而果斷地進身，以迅雷不及掩耳之勢和切實有效的招法對準其要害部位發出猛烈的一擊，將之制服。

本節舉例介紹對持匕首、持砍刀、持長棍及持手槍之敵襲擊的防守反擊方法與技巧。在實際的對敵搏鬥中，情況錯綜複雜，瞬息萬變，要求能隨機應變，靈活機動地使用反擊招法。

一、對持匕首襲擊的防守反擊

由於敵人手持匕首，加大了攻擊的距離，而且可以多角度地刺、橫割襲擊，所以危險性較大。必須和敵人保持一定的距離，運用佯攻等手段，誘其出擊；在閃避或化解攻擊後，快速果斷地奪取匕首或重擊其要害部位。若敵人手持匕首突襲時，要反應快並能準確地判斷其刺來的方向、距離，再靈活機動地隨機避閃或反擊。

1.踹膝踢襠

【反擊方法】敵我雙方在對峙中；當敵手持匕首對我虛晃準備進攻時，我速抬左手佯攻敵之頭部（圖3-202）；隨即突然用左側踹腿猛力踹擊其左膝關節（圖3-203）；接著左腳左前落步，順勢用右正彈腿攻擊其襠部（圖3-204）。

圖3-202

圖3-203

圖3-204

【動作要點】把握距離；左手佯攻要逼真，使敵防上或出擊；踹膝要突然，迅猛有力，使之膝關節受挫，並注意防守；踢襠要狠、準。

2.踢肋劈頸

【反擊方法】我在自然行走或站立中；當敵人手持匕首上步對我胸部直刺時，迅速向左側跳閃，同時用左前臂向裡格、撥敵之右前臂（圖3-205）；隨即用右橫踢腿猛踢其腹肋部反擊（圖3-206）；接著順勢用右掌劈擊其頸部後側（圖3-207）。

圖 3-205

圖 3-206

圖 3-207

【動作要點】反應快，防守與反擊時機恰當；跳閃與踢肋反擊協調連貫，踢肋要迅猛有力；劈頸狠、準，右腳落步並降低身體重心以助劈擊力，全身協同一致。

3.擊面頂襠

【反擊方法】我在自然行走或站立中；當敵手持匕首突然上步下刺我頭、肩部時，迅速退步閃躲（圖3-208）；隨即上左步用左手向下拍按敵之右前臂或腕關節，同時用右沖拳反擊其面部（圖3-209）；上動不停，左手繼續用力下按，右手順勢摟扒敵之頸後，用右頂膝攻擊其襠部（圖3-210）。

【動作要點】反應快，當敵用力下刺時再退步閃躲；上步拍按敵左手與右拳擊面要快速、迅猛，擊面要狠；頂襠要快、準。

圖3-208

圖 3-209

圖 3-210

4.彈襠擊頭

【反擊方法】我在自然行走或站立中;當敵手持匕首突
然上步橫割我頸部左側時,迅速退步並上體後仰閃躲(圖
3-211);隨即用左正彈腿反擊其襠部(圖 3-212);接著用

圖 3-211

圖 3-212

右上勾拳攻擊敵之頭部（圖
3-213）。

【動作要點】反應快，把
握好時機與距離，待敵出擊的
瞬間反擊；彈襠要快速、準確
有力；拳擊頭迅猛、狠、準。

5.勾腿踩頭

【反擊方法】我在自然站
立中；當敵手持匕首頂著我腹
部時；突然後撤右步，同時迅

圖 3-213

速用兩手向下抓按敵之右腕關節（圖 3-214）；上動不停，
兩手用力向右上旋繞其右臂，同時用左腿勾踢其右腿踝
關節外側，將之摔倒（圖 3-215）；接著用右腳跟猛力蹬
踩敵之頭部（圖 3-216）。

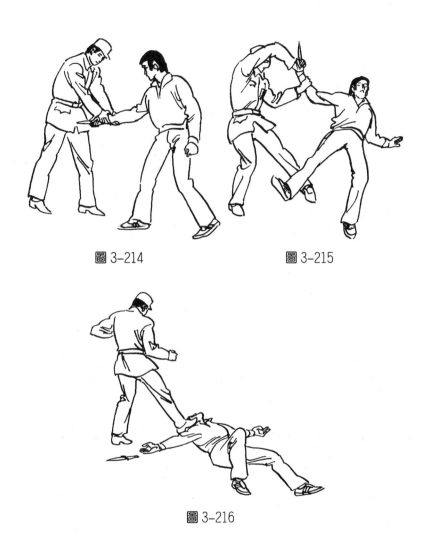

圖 3-214　　　　　　　圖 3-215

圖 3-216

【動作要點】撤步、抓手要快速突然，抓手要緊、牢；
旋臂與勾踢要協同一致，勾踢要準確有力；蹬踩敵頭要狠、
準。

6.頂襠撞腹

【反擊方法】我在自然站立中；當敵手持匕首從背後頂住我頸後時（圖3-217）；突然向前上左步、屈體閃避，隨即右後轉體同時用右手向右側摟抓敵之右臂（腕）（圖3-218）；上動不停，迅速用左頂膝反擊其襠部（圖3-219）；接著右手向右下拉拽，用右膝猛撞敵之腹部（圖3-220）。

【動作要點】上步、屈體閃避與轉體抓腕要快速連貫；摟抓要準確有力，抓腕要緊、牢；頂襠要快捷，撞腹要猛、狠。

7.摜頭絆腿

【反擊方法】我在自然行走或站立中；當敵手持匕首突然對我腹部直刺時（圖3-221）；迅速左閃步避閃，同時用左手向右掛撥敵之右前臂（圖3-222）；上動不停，用右摜

圖3-217   圖3-218

圖 3-219

圖 3-220

圖 3-221

圖 3-222

第三章　搏擊術的反擊絕招

圖 3-223

圖 3-224

拳猛擊其頭部反擊（圖3-223）；接著右腳快速上步別絆其
右腿，右前臂向左下方橫擊其頸部左側（圖3-224），將敵
摔倒。

【動作要點】反應快，動作敏捷；閃步掛防與右摜拳反
擊要協調連貫，擊頭要狠、準；上步絆腿與橫擊敵頸要上下
一致，快速有力。

8.頂肋踹膝

【反擊方法】我在自然行走或站立中；當敵手持匕首突
然對我胸部直刺時（圖3-225）；迅速向左前上步，右閃身
避閃，同時用右手由外向裡摟抓敵之右手腕（圖3-226）；
上動不停，隨即用右頂膝頂擊敵之腹肋部（圖3-227）；
接著右手上提，左手抓其肩衣，用左腳踹其右膝關節外
（後）側，使之跪地被擒（圖3-228）。

搏擊術精選

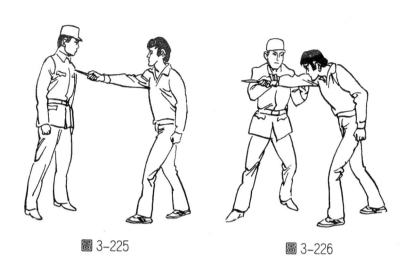

圖 3-225　　　　　　　　　　圖 3-226

圖 3-227

圖 3-228

　　【動作要點】反應快，上步、閃身時機恰當，摟抓敵腕要準、牢；頂肋迅猛有力；提腕、踹膝要上下協調一致，踹膝要狠。

9.擊頜別臂

【反擊方法】我在自然行走或站立中；當敵手持匕首突然上步直刺我腹部時（圖3-229）；迅速後撤右步，並用左手向下抓握敵之右手腕防守（圖3-230）；隨即用右掌根推擊敵之下頜反擊（圖3-231）；接著右手前臂猛力從下向上挑擊敵之肘窩處，左手繼續下壓，將其右臂向下折彎（圖3-232）；上動不停，右、左腳各上一步，上體右轉，同時順勢右手向右下方旋繞下壓，並扒住其右肩，左手向前推扭其右手腕，將之擒獲（圖3-233）。

【動作要點】反應快，左手抓敵腕要緊、牢；擊頜要快、猛；擊頜後順勢快速有力地挑肘，上步轉體與右手的旋壓要快速連貫、協調有力。

10.頂襠別肘

【反擊方法】我在自然行走或站立中；當敵突然上步用

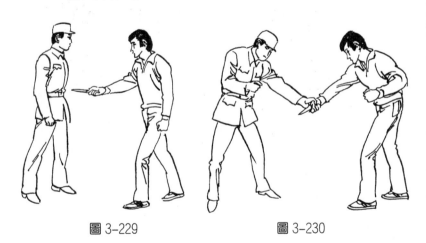

圖3-229　　　　　　　　圖3-230

圖 3-231

圖 3-232

圖 3-233

圖 3-234

左手抓握住我衣領，右手持匕首指我頸部威脅時（圖 3-
234）；迅速用左手抓拿敵之右手腕並向左捲扭，同時用右
頂膝頂擊其襠部（圖 3-235）；接著左手繼續向左捲扭，右
腳上步插至敵之右腿後，右手從其肘下穿過扒抓其右手腕
（圖 3-236）；上動不停，右手用力向下反扳，右肘上抬，

手、肘交錯用力，將敵之右肘關節別至死角就擒（圖3-237）。

【動作要點】左手抓腕要緊，並用力向左捲扭，抓敵腕與頂襠幾乎同時進行，頂襠要迅猛有力；上步與右手扒抓敵腕要快速連貫，扳腕、別肘要快速有力。

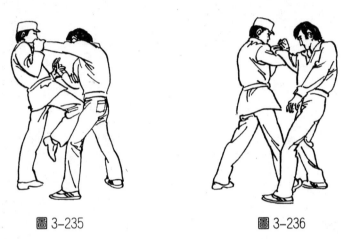

圖3-235　　　　　　　　圖3-236

圖3-237

二、對持砍刀襲擊的防守反擊

由於砍刀攻擊範圍廣，殺傷力大，所以要格外謹慎、沉著冷靜，控制好敵我雙方的距離。與敵對峙時，不要輕舉妄動，否則一旦失手，就會陷於非常危險的境地，後果不堪設想。實施反擊時，必須精確地把握時機，反應快，動作敏捷，以最快的速度貼近敵人，並對準其要害部位施以最猛烈的打擊，才能擺脫困境，克敵制勝。

1.擊頜頂襠

【反擊方法】我在自然行走或站立中；當敵由前手持砍刀舉刀欲劈擊我時，迅速上左步，並用左手抓握敵之右手腕向前托推（圖 3-238）；上動不停，用右掌根猛力推擊敵之

圖 3-238

下頜（圖 3-239）；接著順勢用右頂膝頂擊其襠部（圖
3-240）。

【動作要點】反應快，在敵向上舉刀的瞬間迅疾上步推
腕，抓腕要緊、牢；推腕與擊頜要快速連貫，幾乎同時進
行，推擊要狠、準；借身體的前衝力，用右膝猛頂其襠部。

2.絆腿踩頭

【反擊方法】我在自然行走或站立中；當敵由前手舉砍
刀快速向我衝來時，迅速向左側跳閃並屈膝下蹲（圖 3-
241）；隨即左後轉體用左後掃腿掃絆敵之小腿下端（圖 3-
242），將之絆倒；接著快速上步用右腳猛力蹬踩敵之頭頸
部（圖 3-243）。

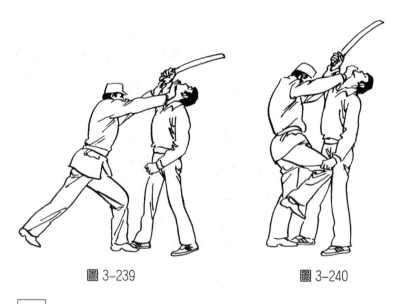

圖 3-239   圖 3-240

圖 3-241

圖 3-242

圖 3-243

【動作要點】反應快，時機恰當；跳閃與掃腿要快速連貫，一氣呵成；掃絆腿要迅猛有力；上步踩頭要及時，狠、準。

3.踢頭擊面

【反擊方法】我在自然行走或站立中；當敵由前手舉砍刀劈我頭部時，迅速向左側跳閃（圖3-244）；當敵砍刀下落時，快速用右橫踢腿踢擊其頭部（圖3-245）；接著順勢用右摜拳攻擊其面部（圖3-246）。

圖 3-244

圖 3-245

圖 3-246

【動作要點】反應快，跳閃及時；在敵砍刀劈擊下落的剎那，迅猛踢頭，踢頭要狠、準；右腳落步的同時，快速用摜拳擊面。

4.彈襠頂頭

【反擊方法】我在自然行走或站立中；當敵手持砍刀突然平砍我頭頸部左側時，迅速退步並上體後仰閃躲（圖3-247）；在敵砍空的剎那，快速用右正彈腿彈踢敵之襠部（圖3-248）；接著左手向右推擋敵之右上臂，右手向左摟扒其頭頸部，用左膝猛力撞擊敵之頭部（圖3-249）。

【動作要點】反應快，時機恰當；退步閃躲距離適中，彈襠快速準確、凶狠有力；兩手與膝撞要協調配合，撞頭要迅猛有力。

圖3-247

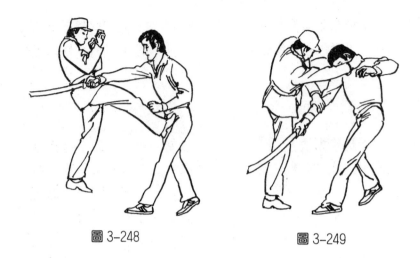

圖 3-248　　　　　　　圖 3-249

5.擊頭踢襠

【反擊方法】我在自然行走或站立中；當敵手持砍刀突
然反手平砍我頭頸部右側時，迅速後撤右步，並上體後仰閃
躲（圖 3-250）；隨即上左步用左手向左前推拍敵之右前

圖 3-250

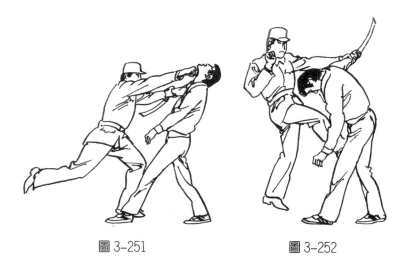

| 圖 3-251 | 圖 3-252 |

臂，同時用右沖拳反擊其頭部（圖 3-251）；接著用右腿猛力踢擊其襠部（圖 3-252）。

【動作要點】反應快，時機恰當；撤步及時，上步推臂與拳擊頭要快速迅猛，推、擊幾乎同時完成；擊頭要有力，踢襠要狠、準。

6.撩襠頂肋

【反擊方法】我在自然行走或站立中；當敵手持砍刀突然由下向上撩砍我上體時，迅速後撤右步，並上體向左側閃躲（圖 3-253）；在敵撩空的剎那，迅疾上左步並用左手向前推抓敵之右

圖 3-253

圖 3-254

圖 3-255

前臂，同時用右掌猛力撩擊（抓）其襠部（圖 3-254）；接著用右頂膝頂擊其腹肋部（圖 3-255）。

【動作要點】反應快，時機恰當；上步推抓敵手臂及時，撩襠要快速有力；若撩擊時能抓住敵之襠部，即可將其制服；若敵坐胯後閃，我則順勢用右膝猛頂擊其腹肋部。

7.踢腕踹頭

【反擊方法】我在自然行走或站立中；當敵手持砍刀突然自上而下、自右至左斜劈我左肩時（圖 3-256）；迅速向後跳

圖 3-256

圖 3-257

圖 3-258

閃，當敵襲擊落空欲抬刀的剎那，快速進步用左彈腿踢擊敵
之右腕關節（圖 3-257）；接著順勢用左側踹腿踹擊其頭部
（圖 3-258）。

　　【動作要點】反應快，跳閃及時、距離適中；把握好時
機，踢腕迅猛有力，狠、準；在敵右腕被擊而丟刀或愣神的
剎那，速用左腿猛踹其頭部。

8.撞面踹膝

【反擊方法】我在自然行走或站立中；當敵手持砍刀突然自右至左平砍我頭頸部時，迅速向後跳閃，並上體後仰閃躲（圖3-259）；當敵襲擊落空的剎那，快速上步用右手向前推擋敵之右前臂（圖3-260）；隨即用頭撞擊其面部（圖3-261）；接著用左腳下踹敵之右膝窩處（圖3-262），將之踹倒。

【動作要點】反應快，跳閃及時，距離恰當；上步推臂快速有力，推臂與撞面要快速連貫，一氣呵成；撞面要狠、準；踹膝要迅猛有力。

圖3-259   圖3-260

圖 3-261　　　　　　　　　　圖 3-262

三、對持長棍襲擊的防守反擊

由於敵人手持長棍，攻擊範圍大，距離遠，所以對我們的威脅較大；但持長棍攻擊，其運動幅度也大，一擊後的連擊相應的停頓時間較長，較之對匕首、砍刀的襲擊有較多的時間去反擊。

在實施反擊時，準確地判斷和把握攻、反時機仍是至關重要的，善於機動靈活地創造戰機和捕捉稍縱即逝的反擊時機就是我們制敵的法寶。

如當敵出現攻擊預兆（預擺）時，即快速果斷地上步逼進，使其長棍無法發揮作用；當敵發起攻擊後，靈活地利用躲閃、避讓或快速前衝接近的方法，使其攻擊落空，再重擊其要害將之制服。

1.踹肋踢頭

【反擊方法】我在自然行走或站立中；當敵雙手持棍由

前向上舉棍欲劈擊時（圖 3-263）；迅速上步進身，並用左
側踹腿猛力踹擊其腹肋部反擊（圖 3-264）；接著前落左

圖 3-263

圖 3-264

步，用右橫踢腿攻擊敵之頭部（圖3-265）。

【動作要點】反應快，當敵上舉棍的剎那果斷地進身踹肋；踹肋要迅猛有力，迫使敵退步；踢頭要快速，狠、準。

2.摜頭勾腿

【反擊方法】我在自然行走或站立中；當敵雙手持棍由前舉棍掄臂我頭部時，迅速向左側跳閃避讓（圖3-266）；當敵劈空時，快速用右摜拳反擊其頭部（圖3-267）；上動不停，接著順勢用左腳勾踢敵之右小腿下端或踝關節外側、右前臂向左下方橫擊，將敵摔倒（圖3-268）。

【動作要點】反應快，跳閃及時；摜拳擊頭時機恰當、迅猛有力；勾踢要狠、準，若配以左手拉拽敵右肩衣、右前臂橫擊，效果更佳。

圖3-265　　　　　　圖3-266

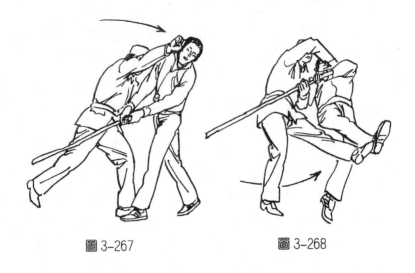

圖 3-267　　　　　　　　圖 3-268

3.擊面撞腹

【反擊方法】我在自然行走或站立中；當敵由前雙手持棍自左上向右下斜劈我左肩時，迅速向左後跳閃避讓（圖3-269），使之擊空；隨即快速上左步用右腳猛力跺踩棍身（圖 3-270）；上動不停，用右沖拳反擊敵之面部（圖3-271），接著順勢用右膝猛撞敵之腹肋部（圖3-272）。

【動作要點】反應快，跳閃及時，上步跺棍快；右拳擊面快速有力；跺棍與擊面幾乎同時進行；膝撞迅猛。

圖 3-269

圖 3-270

第三章　搏擊術的反擊絕招

圖 3-271

圖 3-272

4.踹膝擊頭

【反擊方法】我在自然行走或站立中；當敵雙手持棍從左至右橫掃我頭部襲擊時，迅速屈膝向下蹲身閃躲（圖 3-273）；當敵掃空後，快速用左側踹腿猛力踹擊其左膝關節（圖 3-274）；接著用右橫肘猛擊其頭部（圖 3-275）。

【動作要點】反應快，蹲閃及時；踹膝時機恰當，快速有力；肘擊頭迅猛，狠、準。

圖 3-273

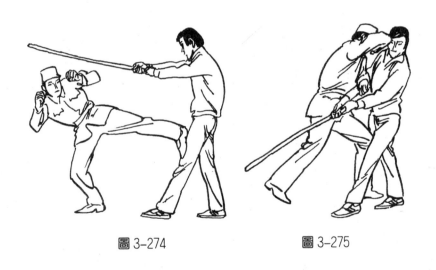

圖 3-274   圖 3-275

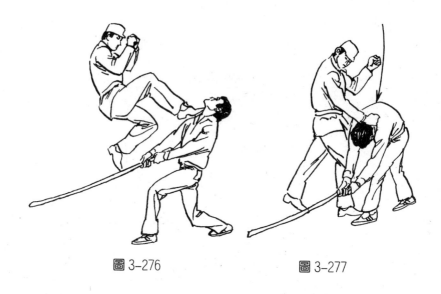

圖 3-276   圖 3-277

5. 彈頜砸頭

【反擊方法】我在自然行走或站立中；當敵雙手持棍從左至右橫掃我小腿時，迅速向上跳閃避讓，並同時用右腳猛力彈踢敵之下頜部（圖 3-276）；接著順勢用右劈砸拳攻擊敵之頭頸部（圖 3-277）。

【動作要點】反應快，把握距離和時機；跳閃及時，彈頜準確、有力；在跳起落地的同時猛力砸擊敵之頭頸部。

6. 踹肋掃頭

【反擊方法】我在自然行走或站立中；當敵雙手持棍由前戳擊我腹部襲擊時，迅速向左側閃步避閃，並同時用雙手抓住敵棍前端（圖 3-278）；隨即用左側踹腿猛力踹擊敵之腹肋部（圖 3-279）；接著順勢右後轉身用右後掃擺腿攻擊

圖 3-278

圖 3-279

其頭部（圖 3-280）。

　　【動作要點】反應快，側閃、抓棍及時；抓棍後邊向後拉拽邊踹擊，重創之；轉身掃頭要連貫協調，快速有力，擊頭狠、準。

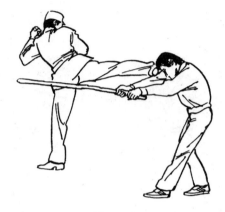

圖 3-280

圖 3-281

7.踢襠砍頸

【反擊方法】我在自然行走或站立中；當敵雙手持棍由
前戳擊我胸部時，迅速向後跳閃並用雙手抓住棍的前端；隨
即上左步並兩手向左下至左上搖棍（圖 3-281）；上動不

圖 3-282

圖 3-283

停,用右正彈腿橫擊敵之襠部反擊（圖 3-282）；接著用右掌劈擊其頸部右側（圖 3-283）。

【動作要點】反應快,向後跳閃距離適中,抓棍及時；上步搖棍快速有力,彈襠狠、準；右掌劈頸迅猛有力。

8.抱腿跪肋

【反擊方法】我在自然行走或站立中；當敵雙手持棍由前戳擊我面部時，迅速用左前臂向上架擋，並上體後仰閃躲避讓（圖3-284）；上動不停，隨即弓身、上左步用雙手自外向裡摟抱敵之雙腿（圖3-285），兩手猛力後拉，左肩前頂其髖，將之摔倒（圖3-286）；接著順勢用右膝跪擊其襠

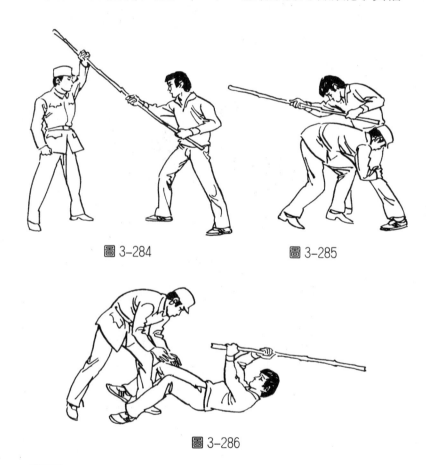

圖 3-284　　　　　圖 3-285

圖 3-286

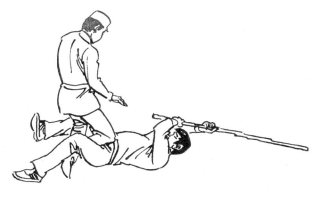

圖 3-287

部（圖 3-287）。

【動作要點】反應快，左前臂上架及時；上步抱腿快，拉、頂協調有力；跪肋迅猛有力。

四、對持手槍襲擊的防守反擊

因為通常持搶的敵人都是窮凶極惡的暴徒，所以當被其用手槍逼住時，是非常危險的，稍有不慎就會危及生命。因此，在這種危險情況下一定要保持鎮定，不要輕舉妄動。

最好的辦法是先將雙手舉起來，並佯裝害怕、膽怯，利用眼神、語言等尋機擾亂敵之意識，分散其注意力，使之放鬆警惕。若捕捉到反擊的有利時機，即要毫不遲疑地果斷動手，首先改變槍口方向，再重擊其要害部位，將其打倒或擰轉其手腕繳械。要具有必勝的信心和膽量，動作高度敏捷、靈活並能把握住最佳反擊時機。

1.彈襠推腕

【反擊方法】當敵持槍從正面對準我胸部威脅時（圖
3-288）；迅速向左前上步側閃上體，同時用左手向右推抓
敵之腕關節（圖3-289）；上動不停，用右正彈腿猛力彈踢

圖3-288

圖3-289

圖3-290

圖3-291

搏擊術精選

其襠部（圖 3-290）；接著用右手猛推擊其手背（圖 3-291），使其手槍脫手。

【動作要點】時機恰當，距離適宜；上步閃身快，左手推抓敵腕要緊、牢；踢襠要狠、準；抓腕與踢襠要快速連貫；推擊手背要有爆發力。

2.劈頸頂腹

【反擊方法】當敵持槍從正面對準我頭部威脅時（圖 3-292），突然屈膝蹲身，並用左手向上托抓敵之右腕關節（圖 3-293）；上動不停，上左步用右掌劈擊敵之頸部左側（圖 3-294）；接著右手順勢摟扒其頸部後側，同時用右膝猛力頂擊其腹（襠）部（圖 3-295）。

【動作要點】動作要突然、敏捷，蹲身與托抓敵腕同時進行，抓腕要緊、牢，並向左上方推托；劈頸要快速準確、

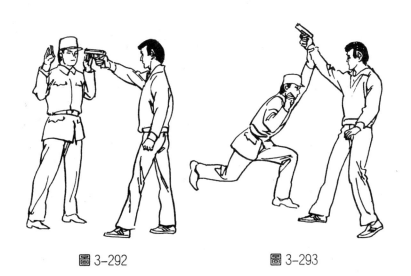

圖 3-292　　　　　　　圖 3-293

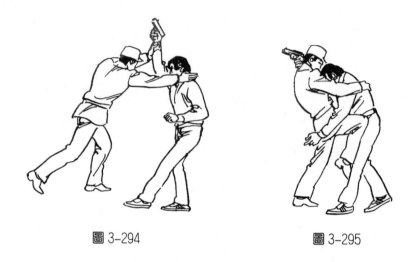

圖 3-294　　　　　　　　　　圖 3-295

猛烈，力求重創敵；膝擊要全身協調、爆發用力。

3.頂頭別腿

【反擊方法】當敵持槍頂住我腹部威脅時（圖3-296），迅速右腳扣步上體右側閃，同時用右手向外推抓敵之右腕關節（圖3-297）；上動不停，身體繼續左轉並順勢用左肘後頂敵之頭頸部（圖3-298）；接著右手用力前拉敵右臂、右腿插步別絆敵右腿（圖3-299），上體左轉將之摔倒。

【動作要點】動作要突然、敏捷；轉體、推抓腕要快，抓腕要牢；抓腕與肘擊頭幾乎同時進行，肘擊要迅猛有力；拉臂、別腿與轉體要協調連貫，一氣呵成。

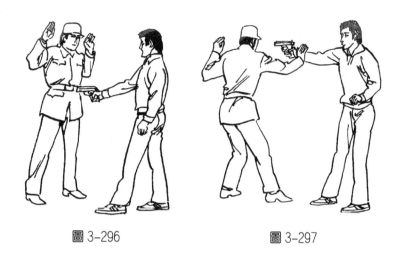

圖 3-296

圖 3-297

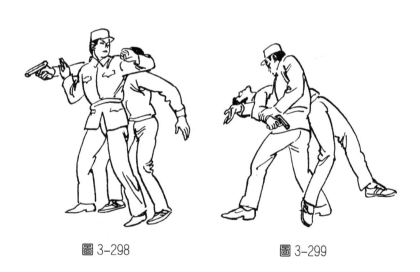

圖 3-298

圖 3-299

4.掃腕彈襠

【反擊方法】當敵從背後持槍對我威脅時（圖3-300）；先舉起雙手並稍右轉頭觀察之，觀測及調整敵我之距離，隨即上體突然前傾並左後轉，用左後掃擺腿旋踢敵腕（圖3-301），使其手槍脫手；接著順勢用右正彈腿彈踢敵之襠部（圖3-302）。

圖 3-300

圖 3-301

圖 3-302

【動作要點】動作高度敏捷、突然；把握好距離及反擊時機；後掃腿要快速果斷，準確有力；彈襠狠、準。

5.摜頭頂面

【反擊方法】當敵持槍從背後頂住我腰部威脅時（圖3-303）；突然迅速右後轉體，並同時用右前臂尺骨側向外猛力劈砸敵之持槍前臂或腕關節處（圖3-304）；上動不

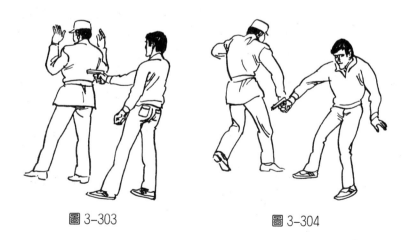

圖 3-303   圖 3-304

圖 3-305

圖 3-306

停，用左攢拳反擊其頭部（圖 3-305）；接著上左步用右橫肘攻擊敵之面部（圖 3-306）。

【動作要點】轉身劈砸要快速突然，迅猛有力；砸腕與攢拳擊頭幾乎同時完成，攢頭要狠、準；肘擊迅猛，用爆發力。

6.插眼勾腿

【反擊方法】當敵持槍從背後頂住我頭部威脅時（圖 3-307）；佯裝害怕舉起雙手，隨即突然後撤右步、右後轉體並同時用右前臂向外猛格敵之右前臂（圖 3-308）；上動不停，用左掌插擊敵之眼睛（圖 3-309）；接著左手摟扒其頸部左側，左腳勾踢其右腳踝處，上下

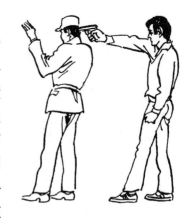

圖 3-307

圖 3-308

圖 3-309

圖 3-310

圖 3-311

交錯用力,將敵摔倒(圖 3-310);順勢上左步用右腳猛力跺踩其頭頸部,將之制服(圖 3-311)。

　　【動作要點】轉體格臂要快速突然,迅猛有力;格臂與插眼幾乎同時進行,插眼要準;勾踢要上下協同用爆發力;跺踩敵頭要狠、準。

第三節

對多人襲擊的防守反擊

對多人襲擊的防守反擊，要比對付一個敵人的襲擊困難得多。因為我們要同時應付兩個或兩個以上來犯之敵，而且敵人可能分別從前面、側面及背面襲擊，這無疑就分散了我們的注意力，處於很被動的地位。

因此，在這種危險情況下反擊的時機及攻擊的準確性、力度是至關重要的。因為若一次反擊無效，就可能已沒有第二次機會，所以，我們在反擊時要確信自己所運用的技術都是絕對有效的，並且必須快速果斷、竭盡全力地攻擊，達到一招制勝，使敵徹底喪失反抗能力，才能贏得打擊和制服其他敵人的時間和機會。

在遭到多個敵人襲擊時，要沉著冷靜，機智勇敢，在精神和氣勢上要壓倒敵人；運用靈活多變的步法，搶佔有利位置、方向，儘可能地擺脫扭打與摟抱，充分發揮拳、腿、肘、膝的威力。

在戰術上要虛實結合、聲東擊西，力求速戰速決，出其不意，攻其以措手不及，把握主動權。

在實施反擊時，要先重擊並制服對我們威脅較大之敵，特別是持凶器者，要對準其要害部位給於致命的打擊，致其傷殘，奪其凶器，解除危險，然後再各個擊破。

本節僅舉例介紹對二人及三人襲擊的防守反擊技巧，因為即使與多個襲擊者格鬥，也不可能同時與幾個人拼殺；所以要求能從中學到技巧與經驗，以便能在與多個襲擊者的格鬥中，亦能擺脫險境，克敵制勝。

一、對二人襲擊的防守反擊

1.踹肋擊面彈襠

　　【反擊方法】我在自然行走或站立中；當兩名敵人從正面襲來時（圖3-312），迅速用左側踹腿猛力踹擊左側敵之腹肋部，將其踹倒（圖3-313）；上動不停，用右沖拳攻擊右側敵之面部（圖3-314），接著用右正彈腿猛力彈踢其襠部（圖3-315），重創之。

圖3-312

圖 3–313

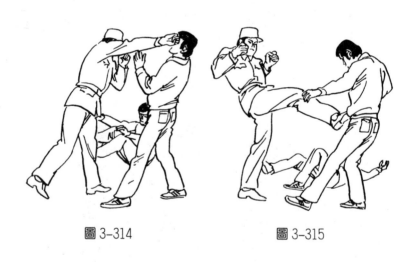

圖 3–314　　　　　　　　　圖 3–315

　　【動作要點】反應快，側踹要把握好距離、時機，踹擊
脆快有力；右拳擊面要快、猛，彈襠要狠、準；擊面與彈襠
要快速連貫，一氣呵成。

2.踹膝過頂踩頭

【反擊方法】我在自然行走或站立中；當兩名敵人從兩側襲擊我時（圖 3-316），迅速向後跳閃一步，隨即舉右拳佯攻右側之敵（圖 3-317），突然用左側踹腿猛擊左側敵之

圖 3-316

圖 3-317

膝關節，將其踹倒（圖3-318）；此時右側敵向我撲來，迅速潛閃並用雙手摟抱敵之雙腿，將其過頂摔倒（圖3-319），接著快速上步跺踩其頭頸部（圖3-320）。

圖 3-318

圖 3-319

圖 3-320

【動作要點】反應快，跳閃及時；蹬膝要迅猛有力，有殺傷力；潛閃抱腿及時，過頂摔全身用力順達，上步踩頭要快速，狠、準。

3.彈襠頂頭砸頸

【反擊方法】當一名敵人從背後摟抱住我腰，而另一敵人從正面揮拳向我撲來時（圖 3-321）；迅速用右正彈腿猛力彈踢正面之敵襠部（圖 3-322）；接著用力左後轉身並同時用左肘頂擊背後之敵頭部（圖 3-323），再迅猛右後轉身用右肘砸擊其頸部（圖 3-324）。

【動作要點】時機恰當，彈襠快速，狠、準，重創正面之敵；轉身肘擊要連貫協調，頂頭要快、猛，砸頸要狠。

圖 3-321　　　　　　　　圖 3-322

圖 3-323

圖 3-324

4. 摜頭彈襠頂面

【反擊方法】我在自然行走或站立中；當一名敵人突然
用右腿彈踢我襠部襲擊，而另一名敵人在右側舉拳準備攻擊
時（圖 3-325）；迅速向左側閃步並同時用左手裡掛敵腿，

圖 3-325

圖 3-326

圖 3-327

用右摜拳反擊其頭部（圖3-326），將之擊倒；此時右側之敵揮拳擊我頭部，我則順勢快速提左腿彈踢其襠部（圖3-327），接著上右步用左膝猛力頂擊其面部（圖3-328）。

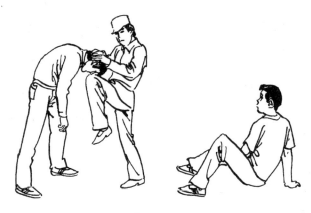

圖 3-328

【動作要點】反應快，動作敏捷；側閃及時，摜拳擊頭迅猛；彈襠要快速，狠、準；頂面要迅猛有力，若配以用兩手向下扒按敵頭效果更佳。

5.踹膝撞腹頂頭

【反擊方法】當兩名敵人分別從兩側用雙手抓住我手臂時（圖3-329）；迅速把左手用力回拉，同時用左側踹猛力踹擊左側敵之膝關節（圖3-330），使之關節受損而鬆手；上動不停，右手向右上搖拉，並用左膝撞擊右側敵之腹部（圖3-331）；接著左手向下摟扒其頸後，同時用左膝猛力上頂其頭部（圖3-332）。

【動作要點】左手回拉與踹膝同時進行，踹膝要迅猛有力，使敵膝關節受損及解脫左手；右手搖拉要有力，撞腹要猛烈；頂頭要狠、準。

圖 3-329

圖 3-330

博擊術精選

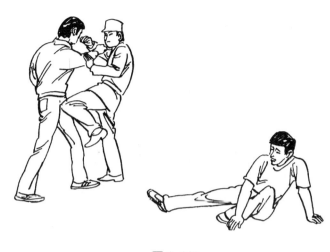

圖 3-331

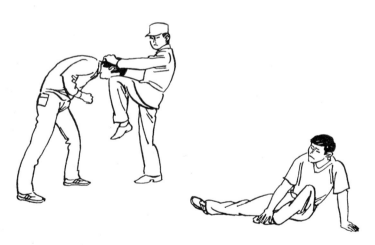

圖 3-332

6.彈襠跺腳背摔

【反擊方法】當一名敵人從背後用右臂夾鎖我頸部,而另一名敵人在前面持匕首威脅我時(圖3-333);迅速用雙手向下拉拽敵臂緩解,隨即突然用右正彈腿猛力彈踢持匕首

圖 3-333

圖 3-334

之敵襠部（圖 3-334）；接著順勢回收右腳，並跺踩背後之敵腳背（圖 3-335）；上動不停，兩手猛向下拉拽，兩腿蹬伸，向下弓腰、低頭將其背起後摔倒（圖 3-336）。

【動作要點】彈襠要快速突然，狠、準；務必重創持匕首之敵。跺腳要狠，拉臂與蹬腿、低頭要協調連貫，脆快有力。

圖 3-335

圖 3-336

二、對三人襲擊的防守反擊

1.頂肋彈襠踹腹

【反擊方法】當一名敵人從背後用右臂扼勒我喉部，又有兩名敵人從兩側攻過來時（圖3-337）；迅速用力向右後

圖 3-337

圖 3-338

轉體，並同時用右後頂肘猛力頂擊背後之敵肋部（圖3-338），解脫扼喉；接著順勢用左正彈腿彈踢右側之敵襠部（圖3-339）；上動不停，再順勢右後轉身用右側踹腿踹擊左側敵之腹肋部（圖3-340）。

【動作要點】肘擊要迅猛有力，能解脫扼喉之困境；彈襠要快速突然，狠、準；右後轉身踹腿猛烈。整套反擊動作要快速連貫，用力順達，達到一招制敵之效。

圖 3-339

圖 3-340

2.彈襠踹膝砸頸

【反擊方法】當兩名敵人從背後抓住我雙手並按住雙肩，正面又有一敵人揮拳撲來時（圖3-341）；迅速用右正彈腿猛力彈踢正面之敵襠部（圖3-342）；然後回收右腳，並順勢踹擊右側之敵膝關節，解脫右手（圖3-343）；上動

圖 3-341

圖 3-342

不停，快速右後轉身，並用右肘向下猛力砸擊左側敵之頭頸部（圖3-344）。

【動作要點】反應快，彈襠要快速突然，狠、準，將正面之敵重創；彈襠與踹膝要協調連貫，踹膝要猛烈；轉身肘砸頸要迅猛，爆發用力。整套反擊動作要快速連貫，一氣呵成。

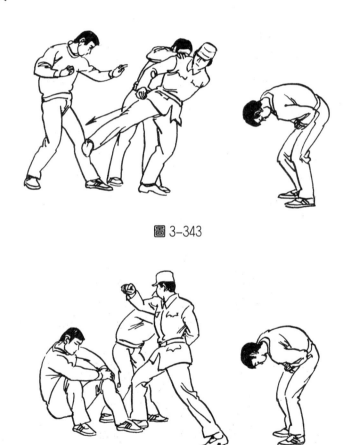

圖 3-343

圖 3-344

3.抱腿掃摔撞面

【反擊方法】當正面有一名敵人踹擊我頭部攻擊，兩側又有兩名敵人揮拳欲攻時（圖3-345）；迅速潛避並上左步抱敵之右支撐腿後拉、肩前頂將之摔出（圖3-346）；緊接著順勢右後轉身用右後掃腿掃左側敵之小腿下端，使之倒地

圖3-345

圖3-346

（圖3-347）；此時右側之敵已上步衝來，我則左腳用力蹬地跳起，並用左衝膝猛力撞擊其面部（圖3-348）。

【動作要點】：反應快，動作敏捷；潛閃抱腿及時，頂摔有力；右後掃腿迅猛，全身協調用力，抱腿前頂與後掃腿要快速連貫，一氣呵成；飛膝撞面要狠、準。

圖 3-347

圖 3-348

4.踢面撞腹與頂肋背摔

【反擊方法】當正面有一名敵人突然上步蹲身欲抱我腿，兩側又有兩名敵人欲攻擊我時（圖3-349）；迅速用右正彈腿猛力彈踢正面之敵面部（圖3-350）；此時左側之敵

圖 3-349

圖 3-350

用右側彈腿踢擊我腹部，我快速用左手抄抱其腿（圖3-351），隨即左手上抬用右側撞膝，反擊其腹肋部（圖3-352）；而右側之敵已衝來，並從背後用右臂夾鎖我頸部

圖 3-351

圖 3-352

（圖 3-353），我快速用雙手向下拉拽敵前臂，並隨即用右後頂肘反擊其肋部（圖 3-354）；接著兩手猛向下拉拽敵右臂，兩腿蹬伸，向下弓腰、低頭將其揹起後摔倒（圖3-355）。

圖 3-353

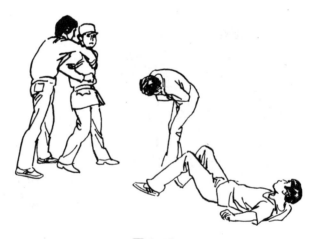

圖 3-354

【動作要點】反應快，動作敏捷；踢面時機恰當，快速有力；抄抱腿及時，膝撞腹迅猛；拉臂防守及時，肘頂肋猛烈；揹摔要全身協調一致，脆快有力。

圖 3-355

大展出版社有限公司
品冠文化出版社

圖書目錄

地址：台北市北投區(石牌)　　　電話： (02) 28236031
　　　致遠一路二段 12 巷 1 號　　　　　　28236033
郵撥：01669551＜大展＞　　　　　　　　28233123
　　　19346241＜品冠＞　　　傳真： (02) 28272069

・少 年 偵 探・品冠編號 66

1.	怪盜二十面相	（精）	江戶川亂步著	特價 189 元
2.	少年偵探團	（精）	江戶川亂步著	特價 189 元
3.	妖怪博士	（精）	江戶川亂步著	特價 189 元
4.	大金塊	（精）	江戶川亂步著	特價 230 元
5.	青銅魔人	（精）	江戶川亂步著	特價 230 元
6.	地底魔術王	（精）	江戶川亂步著	特價 230 元
7.	透明怪人	（精）	江戶川亂步著	特價 230 元
8.	怪人四十面相	（精）	江戶川亂步著	特價 230 元
9.	宇宙怪人	（精）	江戶川亂步著	特價 230 元
10.	恐怖的鐵塔王國	（精）	江戶川亂步著	特價 230 元
11.	灰色巨人	（精）	江戶川亂步著	特價 230 元
12.	海底魔術師	（精）	江戶川亂步著	特價 230 元
13.	黃金豹	（精）	江戶川亂步著	特價 230 元
14.	魔法博士	（精）	江戶川亂步著	特價 230 元
15.	馬戲怪人	（精）	江戶川亂步著	特價 230 元
16.	魔人銅鑼	（精）	江戶川亂步著	特價 230 元
17.	魔法人偶	（精）	江戶川亂步著	特價 230 元
18.	奇面城的秘密	（精）	江戶川亂步著	特價 230 元
19.	夜光人	（精）	江戶川亂步著	特價 230 元
20.	塔上的魔術師	（精）	江戶川亂步著	特價 230 元
21.	鐵人Q	（精）	江戶川亂步著	特價 230 元
22.	假面恐怖王	（精）	江戶川亂步著	特價 230 元
23.	電人M	（精）	江戶川亂步著	特價 230 元
24.	二十面相的詛咒	（精）	江戶川亂步著	特價 230 元
25.	飛天二十面相	（精）	江戶川亂步著	特價 230 元
26.	黃金怪獸	（精）	江戶川亂步著	特價 230 元

・生 活 廣 場・品冠編號 61

1.	366 天誕生星		李芳黛譯	280 元
2.	366 天誕生花與誕生石		李芳黛譯	280 元
3.	科學命相		淺野八郎著	220 元

4.	已知的他界科學	陳蒼杰譯	220 元
5.	開拓未來的他界科學	陳蒼杰譯	220 元
6.	世紀末變態心理犯罪檔案	沈永嘉譯	240 元
7.	366 天開運年鑑	林廷宇編著	230 元
8.	色彩學與你	野村順一著	230 元
9.	科學手相	淺野八郎著	230 元
10.	你也能成為戀愛高手	柯富陽編著	220 元
11.	血型與十二星座	許淑瑛編著	230 元
12.	動物測驗—人性現形	淺野八郎著	200 元
13.	愛情、幸福完全自測	淺野八郎著	200 元
14.	輕鬆攻佔女性	趙奕世編著	230 元
15.	解讀命運密碼	郭宗德著	200 元
16.	由客家了解亞洲	高木桂藏著	220 元

·女醫師系列· 品冠編號 62

1.	子宮內膜症	國府田清子著	200 元
2.	子宮肌瘤	黑島淳子著	200 元
3.	上班女性的壓力症候群	池下育子著	200 元
4.	漏尿、尿失禁	中田真木著	200 元
5.	高齡生產	大鷹美子著	200 元
6.	子宮癌	上坊敏子著	200 元
7.	避孕	早乙女智子著	200 元
8.	不孕症	中村春根著	200 元
9.	生理痛與生理不順	堀口雅子著	200 元
10.	更年期	野末悅子著	200 元

·傳統民俗療法· 品冠編號 63

1.	神奇刀療法	潘文雄著	200 元
2.	神奇拍打療法	安在峰著	200 元
3.	神奇拔罐療法	安在峰著	200 元
4.	神奇艾灸療法	安在峰著	200 元
5.	神奇貼敷療法	安在峰著	200 元
6.	神奇薰洗療法	安在峰著	200 元
7.	神奇耳穴療法	安在峰著	200 元
8.	神奇指針療法	安在峰著	200 元
9.	神奇藥酒療法	安在峰著	200 元
10.	神奇藥茶療法	安在峰著	200 元
11.	神奇推拿療法	張貴荷著	200 元
12.	神奇止痛療法	漆浩著	200 元

·常見病藥膳調養叢書· 品冠編號 631

國家圖書館出版品預行編目資料

搏擊術精選／陳青山、梁亞東編著
——初版，——臺北市，大展，2002〔民91〕
面；21 公分，——（實用武術技擊；2）
ISBN 957-468-129-7（平裝）
1.武術
528.97   91002081

北京人民體育出版社授權中文繁體字版

搏擊術精選　　ISBN 957-468-129-7

編 著 者／陳 青 山、梁 亞 東
責任編輯／劉　　　筠
繪　　圖／趙 寶 林
發 行 人／蔡 森 明
出 版 者／大展出版社有限公司
社　　址／台北市北投區（石牌）致遠一路 2 段 12 巷 1 號
電　　話／（02）28236031・28236033・28233123
傳　　真／（02）28272069
郵政劃撥／01669551
網　　址／www.dah-jaan.com.tw
E - mail／dah_jaan@pchome.com.tw
登 記 證／局版臺業字第 2171 號
承 印 者／高星印刷品行
裝　　訂／協億印製廠股份有限公司
排 版 者／弘益電腦排版有限公司
初版 1 刷／2002 年（民 91 年） 4 月
初版發行／2003 年（民 92 年） 9 月

定　價／220 元

大展好書　好書大展
品嘗好書　冠群可期

大展好書　好書大展
品嘗好書　冠群可期